AI 에이전트 시대
경제의 주인이
바뀐다

KB202338

AI 에이전트 시대,
경제의 주인이 바뀐다

초판 1쇄 발행 2024년 11월 25일
초판 2쇄 발행 2025년 1월 28일

지은이 강정수

편집 김세원
표지디자인 studio forb

펴낸곳 더스퀘어
출판등록 제 2023-000109호 (2023년 10월 11일)

ISBN 979-11-985799-8-0 03320
ⓒ 강정수, 2024, Printed in Korea

좋은 콘텐츠를 생산하고 소비하고 공유하는
세상 모든 천재들이 모이는 광장 '더 스퀘어'에 오신 것을 환영합니다.

당신의 아이디어와 콘텐츠에 가치를 더해 드립니다.
문의 cometosquare@gmail.com

AI 에이전트 시대

경제의 주인이 바뀐다

강정수 지음

AI 에이전트는
AI 경제를 완성하는
마지막 퍼즐이다

AI가 세상이 뒤바꿀 것이라는 주장은 사실 새롭지 않다. 2015년 우리는 구글 웨이모의 자율주행에 경악했고, 2016년에는 이세돌을 격파한 알파고에 충격과 경외를 느꼈다. 그러나 그 이후로 AI 파도는 잠시 잦아들었다. 그 사이 코로나 팬데믹이 지구촌을 휩쓸어 깊은 상처를 남겼고, 암호화폐와 메타버스 광풍이 AI의 존재감을 덮어 버렸다.

그러나 2023년 11월, 오픈AI의 챗GPT가 세상에 등장하면서 우리는 생성 AI라는 새로운 시대에 돌입했다. 2024년에는 할리우드의 작가와 배우들이 인류 역사상 최초로 AI에 맞서 전례 없는 대규모 파업을 결행했다. 한편 엔비디아와 SK하이닉스의 주가는 천정부지로 치솟아 주주들에게 환희를 안겨주었고, 무너지지 않을 것 같던 삼성전자와 인텔 같은 거대 기업도 AI 시대의 흐름을 놓치면 치명적인 균열이 발생한다는 것을 보여주었다.

그런가 하면, 2024년 6월부터는 AI 거품론이 들려오기 시작했다. AI에 수천억 달러를 쏟아부었지만 그에 상응하는 수준의 수익이 발생하지 않자 회의론이 고개를 든 것이다. 그러나 실망하긴 이르다. AI 경제는 이제 막 경부고속도로와 호남고속도로 완공을 눈앞에 두고 있다. 고속도로에 수많은 차량이 몰려와 질주해야 비로소 고속도로가 진정한 경제 가치를 발휘하듯, AI 경제는 이제 비로소 다음 거대한 도약을 준비하고 있다. 그 무대의 주인공이 바로 'AI 에이전트'다.

AI 에이전트는 챗GPT 등의 AI 챗봇의 다음 진화 단계이다. 간단히 말해서, 다양한 소프트웨어 도구를 활용하여 인간을 대신해 복잡한 작업을 처리하고, 인간이 제시한 목표를 달성하기 위해 스스로 의사 결정을 내리고 행동을 취하는 소프트웨어 시스템이다.

AI 진화의 핵심은 AI가 인간처럼 다양한 도구들을 자유자재로 사용할 수 있다는 점에 있다. AI 에이전트는 지금까지 인간이 만들어 온 막대한 양의 데이터와 경이로운 수준의 컴퓨팅 파워 그리고 거대한 소프트웨어 생태계 모두를 자신의 도구로 활용할 수 있다. 그리하여 인간의 목표를 더 효과적으로 달성할 수 있게 되고, 우리 삶과 비즈니스에 엄청난 파급 효과를 몰고 올 것이다.

　2024년 수많은 기업들이 챗GPT 같은 생성 AI를 활용하여 직원 개개인의 업무 효율성을 끌어올리는 꿈에 부풀어 있었다. 그러나 이는 근본적으로 잘못된 접근이다. AI가 기업에 선사할 수 있는 진정한 가치는 생성 AI로 직원의 생산성을 높이는 것이 아니라, AI 에이전트로 인간을 대체하는 데서 비롯될 것이기 때문이다.

　따라서 AI 에이전트는 경영진의 결정에 따른 하향식 발전 경로를 밟게 될 가능성이 높다. 수년에 걸쳐 지속될 이 혁신은 그 뒤에 따라올 엄청난 성과로 인해 정당화될 것이다. 지금 우리는 기업의 비즈니스 모델과 시장 진출 전략이 근본적으로 변화할 수 있는 중요한 시점에 와 있다.

AI 에이전트로
경제의 주인이 바뀔 수 있다

생성 AI 그리고 그보다 더 진화한 AI 에이전트는 종종 인터넷이나 스마트폰에 비유된다. 인터넷과 스마트폰이 우리 경제와 사회에 혁명적인 변화를 불러왔다는 점에서 그렇다. 그러나 사실 AI 에이전트는 1970년대와 1980년대 기업에 도입된 컴퓨팅 혁명과 더 닮아 있다.

　여기서 말하는 컴퓨팅이란 직원 개개인에게 PC가 보급된 단순한 변화를 말하는 것이 아니다. 기업의 일하는 방식을 완전히 재편하게 한 바로 그 컴퓨팅이다. 회계, 고객 서비스, 공급망 관리 등 기업 업무의 다양한 분야가 자동화의 거센 물결에 휩싸였다. 1970년대의 트랜지스터가 오늘날의 엔비디아 H200과 B200으로 대체되었고, 당시의 메인프레임 컴퓨터는 지금의 거대언어모델에 해당한다. 그리고 AI 에이전트는 새로운 컴퓨팅 패러다임으로서 기업 업무 자동화의 제2 물결을 예고하고 있다.

이 거대한 변화의 흐름에서 업무 방식을 바꾸기 싫어하는 개인 직원의 의사는 중요하지 않다. 왜냐하면 기업의 본질은 궁극적으로 이익의 극대화에 있기 때문이다.

AI 에이전트 혁명은 대기업 업무 자동화에만 머무르지 않는다. 법률, 의료, 보험, 교육 등 일반적으로 비싸고 복잡했던 인간 중심의 서비스들이 드디어 대중화의 길로 들어설 수 있다. AI 에이전트는 인건비가 높은 산업 분야에서 비용을 획기적으로 낮춤으로써 서비스 가격을 크게 인하할 수 있는 잠재력을 가지고 있다. 서비스 가격의 인하는 곧 시장의 재편을 의미한다.

예를 들어, 법률 AI 에이전트는 뛰어난 인간 변호사를 대체하는 것이 아니라, 저소득층도 경제적 부담 없이 평균 수준의 법률 서비스를 누릴 수 있는 새로운 법률 시장을 개척할 수 있다. 본문에 나오는 더 다양한 사례를 접하면 여러분도 AI 에이전트가 과거 증기기관이나 전기처럼 경제는 물론 사회의 작동 방식까지 근본적으로 변화시킬 수 있는 기술 혁명의 잠재력을 가지고 있음을 실감할 것이다.

AI 에이전트는 중소기업에게 대기업과 당당히 경쟁할 수 있는 혁신적인 기회를 선사한다. 예를 들어, 아마존이 추진하는 쇼핑 AI 에이전트는 소비자의 제품 검색과 구매 여정을 변화시키는 데 그치지 않는다. 아마존은 중소 판매자들이 더 적은 비용으로 제품을 판매할 수 있도록 돕고, 세금계산서 발행 등의 지원 업무도 대신해주는 방향으로 쇼핑 AI 에이전트의 기능을 확장하고 있다.

메타, 구글, 틱톡에서는 마케팅 AI 에이전트가 광고 소재 생성은 물론, 광고 캠페인 운영까지 담당하며 그 효과를 극대화하고 있다. 값비싼 마케팅 에이전시나 경험 많은 마케터를 고용하기 어려운 중소기업에 희소식이 아닐 수 없다.

이처럼 AI 에이전트는 고부가가치 작업을 단 몇 초 만에 처리하여 생산성을 비약적으로 향상시키고, 생산 비용을 크게 절감할 수 있는 능력을 가지고 있다. AI 에이전트를 적극 활용하는 중소기업은 고객에게 더 빠르고 효율적이며 개인화된 경험을 제공할 수 있다. 그리고 직원들은 시간이 많이 드는 시장 모니터링 같은 업무에서 벗어나 보다 중요한 전략을 세우는 데 인간의 섬세함과 정교함을 더할 수 있다.

더 나아가 AI 에이전트는 중소기업이 감당하기 어려웠던 기업 소프트웨어의 가격을 크게 인하시킬 수 있다. AI 소프트웨어 프로그래밍 도구는 기업 소프트웨어 개발 및 운영 비용을 획기적으로 낮추고 있으며, 이는 곧 세일즈포스를 위시한 거대 기업들의 변화와 시장 질서의 재편으로 이어질 것이다.

앞으로 5년, 컴퓨터 사용 방식이 완전히 달라질 것이다

어려서부터 인터넷 또는 스마트폰과 함께 자라난 젊은 세대는 엑셀과 파워포인트를 어려운 업무로 생각하지 않았다. 현재의 10대는 생성 AI 챗봇과 자연스럽게 대화하고, 생성 AI로 다양한 콘텐츠를 제작하는 것을 넘어, 직접 만든 (낮은 수준의) AI 에이전트로 일상에 필요한 과제를 처리하기 시작했다.

다양한 생성 AI를 무료로 사용할 수 있는 플랫폼 뤼튼^{wrtn}이 선보인 'AI 에이전트 빌더' 서비스는 10대와 20대에게 AI 에이전트를 놀이로 만들고 있다. 이 세대가 성장하여 기업에서 활약할 때, 특히 중소기업은 이 AI 세대로부터 가장 큰 경제적 이득을 취할 수 있을 것이다. AI 경제의 진정한 주체는 AI 없는 세상을 경험하지 못한 다음 세대이다.

이 책은 AI 에이전트가 몰고 올 변화와 무궁무진한 기회를 깊이 이해하고자 하는 이들에게, 그리고 AI 경제에서 기업 성장의 모멘텀과 의미 있는 전략을 찾고자 하는 이들에게 유익한 나침반이 될 것이다.

책은 크게 세 부분으로 구성되어 있다. 먼저 1부는 AI 에이전트를 제대로 이해할 수 있는 기술 설명을 담고 있다. 만약 이해하기 어렵다고 느껴지는 부분이 있다면, 1부의 마지막 장인 '도구를 사용하는 인간 vs. 도구를 사용하는 AI'를 먼저 읽어도 좋다.

2부에서는 AI 에이전트가 바꿀 수 있는 시장의 거대한 변화 방향을 설명했다. AI 검색 시장, AI 스마트폰 시장, AI 소프트웨어 프로그래밍 시장 등 미래의 가장 핵심적인 분야를 다루고 있다.

3부에서는 AI 에이전트를 활용한 새로운 비즈니스 기회들을 다양한 사례와 함께 탐색한다. 쇼핑 AI 에이전트, 마케팅 AI 에이전트, 기업용 소프트웨어 빌더를 필두로 법률, 보험, 의료, 교육 분야에 쏟아지고 있는 다양한 AI 서비스를 다루고 있다.

마지막에는 이러한 다양한 서비스들이 퍼즐 조각처럼 모이고 모여 거대한 AI 경제를 완성하게 되는 모습을 그리게 될 것이다.

차례

"AI 에이전트를 제대로 활용하게 되면
사람들이 스마트폰 이용하는 시간을 줄이고,
중요한 일에 더 많은 시간을 할애하는 세상이 열릴 것이다."

_케빈 웨일, 오픈AI CPO

1부

AI 에이전트란
무엇인가

1장

새로운 여행 서비스를 통한 AI 에이전트 이해

2024년 10월 1일 오픈AI의 최고제품책임자[CPO] 케빈 웨일 Kevin Weil은 말했다. "우리는 다른 사람과 상호 작용하는 모든 방식으로 AI와도 상호 작용할 수 있도록 할 것이다."[1] 그리고 앞으로 점점 더 많은 AI 에이전트가 탄생할 것이고, 그래서 2025년은 AI 에이전트가 주류가 되는 해가 될 거라고 전망했다.

인간을 대신하여 복잡한 작업을 수행해주는 AI 에이전트의 대중화는, 막대한 투자가 수반되는 AI 산업에서 그에 걸맞는 수익을 창출해야만 하는 테크 기업들에게 피할 수 없는 중요한 과제이다. 실제로 구글과 애플을 포함한 테크 기업들이 소비자에게 AI 에이전트를 제공하기 위한 본격적인 경쟁에 들어섰다고 〈파이낸셜타임스〉는 보도했다.[2]

아울러 케빈 웨일은 "AI 에이전트를 제대로 활용하게 되면 사람들이 스마트폰 이용하는 시간을 줄이고, 중요한 일에 더 많은 시간을 할애하는 세상이 열릴 것"라고 말했다. 마이크로소프트 또한 2024년 9월 AI 에이전트를 비즈니스 계획의 중심에 두었으며,[3] 구글과 메타도 자사 제품에 AI 모델을 탑재할 때 AI 에이전트를 중심에 둘 것이라 밝히고 있다.

과연 소비자가 이용할 수 있는 AI 에이전트란 어떤 모습일까? 본격적으로 개념을 정의하기에 앞서 우리의 일상에서 마치 비서처럼 일을 돕고 대행해주는 AI 에이전트의 예시를 들어 보자.

여행 자체는 설레는 일이지만, 예산과 목표에 맞게 계획을 짜는 일은 여간 번거로운 게 아니다. 특히 해외여행을 떠날 예정이고, 더구나 패키지가 아닌 개별 여행을 계획하고 있다면 그 난이도는 더욱 높아진다. 자신의 휴가 일정에 맞게 세부 일정을 결정하는 것뿐 아니라 적절한 가격대의 비행기, 호텔, 식당 등 다양한 구매와 예약이 필수로 이뤄져야 하고, 이때마다 신뢰할 수 있는 정보를 선별해야 한다.

여행 계획을 꼼꼼하게 완성했다고 해도 여행 현지에서 변수가 생길 가능성은 늘 존재한다. 여행을 자주 다니는 사람도

매번 달라지는 새로운 정보를 업데이트하는 일은 힘들다. 이렇게 여행은 막대한 정보 노동을 동반한다. 특히 여행을 함께 하는 사람들 가운데 한 명이 이 골칫거리 정보 노동을 도맡아야 할 때 싸움은 피할 수 없다.

AI가 최신 여행 정보에 기초해서 그리고 개인의 취향까지 고려하여 여행 일정을 짜고 필요한 예약 및 구매를 대신해준다면 어떨까? 여행 계획을 짜는 게 어렵거나 성가신 정보 노동이라고 생각하는 사람이라면 이러한 AI 서비스가 충분히 매력적일 수 있다. 이렇게 인간이 담당하는 복잡한 과제 중 많은 부분을 AI가 대신하는 시스템을 'AI 에이전트'라고 하고, 특정 AI 에이전트에 적절한 UI와 UX를 결합한 것을 'AI 서비스' 또는 'AI 에이전트 서비스'라고 부른다.

2024년 여행 전문 AI 서비스가 주목을 받은 적이 있다. 〈뉴욕타임스〉 기자 세일런 예진수 Ceylan Yeğinsu는 여행 전문 AI 서비스의 도움만으로 2024년 6월 노르웨이로의 여행을 시도했다.[4] 세일런 기자가 이용한 AI 서비스는 마인드트립 MindTrip[5]과 베케이 Vacay[6]였다. 두 서비스 모두 세일런 기자의 여행 시기인 2024년 6월에는 스마트폰 앱이 출시되지 않아,

세일런 기자는 노르웨이 현지에서는 스마트폰에 설치된 유료 챗GPT의 도움을 받았다. 두 여행 AI 서비스 모두 "혼자 여행하시나요? 예산은 어떻게 되나요? 호텔과 에어비앤비 중 무엇을 선호하나요? 대자연을 체험하고 싶나요, 아니면 문화 체험에 더 비중을 두고 싶나요?" 등 계속해서 채팅을 통해 여행자의 취향을 자세히 알아내려 시도했고, 그 결과를 여행 계획에 반영했다. 물론 여행 중간에도 채팅을 통해 수시로 일정을 수정할 수 있었다.

여행이 시작되자 두 AI 서비스 모두 적절한 시간에 이메일로 여행 스케줄에 맞는 정보를 제공해 왔다. 이메일에는 숙소, 교통편, 관광지, 식당 등에 대한 사전 알림과 추가 업데이트 정보 등이 담겨 있었다. 이메일을 이용한 이유는 두 AI 서비스 모두 아직 앱이 없었기 때문이다. (참고로 마인드트립은 2024년 9월에 앱을 선보였다.) 베케이는 한 달에 9.99달러의 서비스 비용을 받지만 마인드트립은 AI 서비스를 무료로 제공하고 대신 비행기표와 호텔 구매 수수료로 수익을 창출한다.

이처럼 AI의 도움을 받는 여행은 일부 얼리어답터에 제한된 경험일까? 아니다. 토스와 유사한 미국 개인 금융 앱 머니라이온Moneylion[7]의 설문조사[8]에 따르면, 미국인의 약 70퍼센트가 여행 계획에 AI를 이용하고 있거나 이용할 계획이 있으며, 71퍼센트는 AI를 활용하는 것이 본인이 직접 여행을 계획하는 것보다 더 쉽고 간편하다고 답했다. 여행과 AI 나아가 여행과 AI 에이전트는 '복잡한 정보'와 '개인의 취향 및 조건'을 효과적으로 일치시킬 수 있는 매우 적절한 조합이다. 앞서 언급한 것처럼 여행은 성가신 정신노동을 전제하기 때문이다.

여행은 떠오르고 있는 AI 검색 시장에서도 주요 서비스 영역이다. 미국의 AI 검색 스타트업인 퍼플렉시티Perplexity는 2024년 4분기부터 인공지능 검색에 광고를 도입했다. 이를 위해 퍼플렉시티는 24년 8월 말 광고주 대상 행사를 가졌다. 이때 발표된 광고 상품 자료에도 여행은 주요 키워드로 눈에 띄었다. 참고로 퍼플렉시티는 총 12개 분야[9]에서 광고주를 찾고 있다. 건강 및 제약, 예술 및 엔터테인먼트, 금융, 식음료F&B, 스포츠, 미용 및 피트니스, 쇼핑, 게임, 자동차, 여행 등이다. 엄청난 양의 정보 속에서 이용자가 원하는 답변을 빠르게

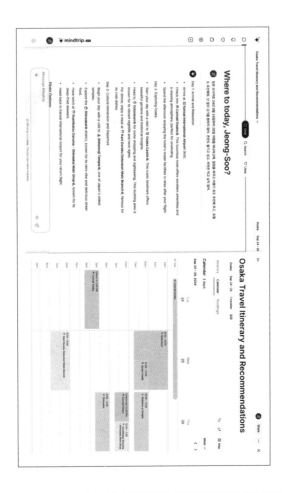

<그림 1> 마인드트립 이용 화면. 여행지, 일정, 취향을 간략하게 입력하면 여행 일정을 제안해준다. 비행기표 구매, 호텔 예약도 마인드트립 내에서 바로 진행할 수 있다. 마인드트립이 제공하는 챗팅 서비스를 통해 수시로 여행 일정을 세부 조정할 수 있다.

선별하고 정밀하게 제공할 수 있는 AI 검색은, B2C 분야의 AI 에이전트 서비스 가운데 성공할 가능성이 꽤 높은 분야다.

마인드트립의 또 다른 장점은 'Start Anywhere 어디서나 시작할 수 있다'라는 서비스다. 친구의 인스타그램에서 멋진 여행지 이미지를 보고 이를 'Start Anywhere'에 업로드하면 마인드트립은 그 이미지와 유사한 체험을 할 수 있는 여행 일정을 짠다. 이는 텍스트뿐 아니라 이미지, 영상, 오디오 등 다양한 형식을 활용하는 AI 멀티모달 기능 때문에 가능하다. 이미지 대신 유튜브 링크나 블로그 링크를 넣는 것도 AI가 여행 일정을 짜는 시작점이 될 수 있다.

마인드트립의 또 다른 흥미로운 점은 '마인드트립 크리에이터'[10] 프로그램이다. 마인드트립 AI 에이전트가 생성한 여행 일정을 경험하고 나서 이용자는 이를 소셜 미디어에 공유할 수 있다. 이 공유 링크를 통해 다른 이용자가 마인드트립에서 여행 일정을 짜고 비행기표를 구매한다면 처음으로 링크를 생성한 이용자는 마인드트립으로부터 현금을 지급 받는다.

여행 AI 서비스가 이러한 여행 일정 공유 프로그램을 운영하는 이유는 무엇일까? 첫째, 의심할 여지없이 구전 마케팅 효과 때문이다. 둘째, 여행 정보에서 무엇보다 중요한 것은 정보의 최신성이다. 여행지에 도착해서야 꼭 가려고 했던 맛집이 문을 닫았다는 소식을 접한다면 얼마나 안타까운가. 그런데 이 맛집 소식이 여행 AI 서비스 이용자의 직접 체험을 통해 수시로 업데이트된다.

또한 마인드트립 이용자는 여행지에서 찍은 사진을 업로드할 수 있다. 그러면 마인드트립 AI 에이전트는 업로드된 사진이 언제 어떤 취향을 가진 여행자가 촬영한 것인지를 분석하여 유사한 취향을 가진 이용자의 여행 일정을 제안할 때 이를 활용한다. 여행의 묘미인 우연한 발견Serendipity도 여행자의 직접 체험이 선사하는 실시간 데이터 업데이트에 의해 이뤄지는 것이다.

여기서 마인드트립 AI 에이전트의 작동 구조를 두 가지 측면에서 살펴보자. 첫 번째로, 마인드트립 AI 에이전트는 목표를 이루기 위한 '행동 및 동작 Act'을 실행하는 과정에서 다양

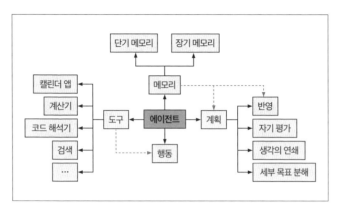

<**그림 2**> AI 에이전트의 작동 구조(출처: Lilian Weng[11])

한 '**도구**Tools'를 사용한다. 이 도구에는 일정 앱, 가격 계산기, 웹 검색 등이 포함된다. 좀 더 풀어서 설명하면, AI 에이전트는 최적의 여행 일정을 짜기 위해서 이용자의 일정 앱이나 이메일에서 일정을 확인하고 그에 맞는 비행기표 및 숙소를 검색하고, 나아가 해당 일정 기간의 날씨를 검색하여 그에 어울리는 의상과 여행 일정을 추천해준다. 일정 앱이나 날씨 앱 등의 다양한 '도구'들의 정확성 및 효율성이 목표를 이루기 위한 '행동', 즉 여행 일정을 짜는 데 큰 영향을 미친다.

두 번째 작동 구조로, 마인드트립 AI 에이전트는 만족할 만한 '계획Plan'을 수행하기 위해 다양한 '반영Reflect' 과정을 거친다. 이 반영 방식에는 '자기 평가Self-Critics', '생각의 연쇄 Chain of Thoughts' 등이 있다. 무슨 말인가 하면, AI 에이전트는 이용자 본인뿐만 아니라 수많은 다른 이용자들의 여행 일정을 짜는 과정에서 이용자의 요청 사항을 '메모리Memory'에 저장할 뿐 아니라, 이용자의 '긍정 및 부정 반응Reflection'을 계속해서 '반영'한다. 또한 여행 일정을 생성하는 과정에서 생각의 연쇄Chain of Thoughts, CoT 방법론을 적용하기도 한다. 생각의 연쇄CoT는 인간 사고의 흐름을 모방한 생성 AI의 추론 방식을 일컫는다. 어떤 문제를 해결하거나 아이디어를 발전시킬 때 마치 인간처럼 AI도 논리적인 생각을 단계별로 이어나가는 과정을 의미한다. 예를 들어 여행 일정을 짤 때 가능한 생각의 연쇄는 다음과 같다.

- 이용자가 11월 19일 저녁에 무엇을 먹을지 제안해 달라고 한다.
- AI의 생각의 연쇄(CoT)

  ① 전날인 11월 18일 저녁 식사로 중국 음식을 먹었다.

② 연속으로 같은 종류의 음식을 먹고 싶지 않을 가능성이 크다.

③ 숙소 주변에 좋은 평가를 받은 이탈리아 식당이 있다.

④ 11월 19일 저녁 식사로 파스타와 와인을 제안한다.

요약하면, 생각의 연쇄는 앞에서 ①과 ②라는 단계를 통해 이용자가 보다 만족할 수 있는 식사를 추천하는 과정이다. 덕분에 복잡한 문제도 단계별로 나누어 쉽게 이해하고 해결할 수 있게 된다. 특히 학습이나 문제 해결, 여행처럼 의사 결정이 필요한 과제에서 이 방법을 활용하면 명확하고 체계적인 결과를 얻을 수 있다.

2장

롤플레잉 게임을 통한
AI 에이전트 이해

AI 에이전트에 대한 본격적인 설명에 앞서 이해를 도울 만한 또 다른 사례를 살펴보자. 2023년 스탠퍼드 대학교와 구글의 연구진은 챗GPT에 의해 설계된 흥미로운 롤플레잉 게임RPG 을 제작했다.[12]

심즈The Sims 시리즈와 유사한 이 RPG 가상 세계에는 25명 의 캐릭터가 매우 사실적인 행동을 하며 독립적으로 생활하 고 있다. 이 25명의 캐릭터는 일반 RPG에 등장하는 NPCNon-Player Character인 셈이다. 다시 말해 인간 플레이어가 조작하지 않는 캐릭터를 생성 AI로 구현한 것이다.

이 캐릭터들은 인간 플레이어에게 퀘스트를 주거나 정보를 제공하는 것 같은 일반적인 NPC의 역할에만 머물지 않는다. 어떤 캐릭터는 아침에 일어나 아침 식사를 준비하고 출근을 한다. 또 다른 예술가 캐릭터는 그림을 그리고, 작가 캐릭터 는 글을 쓴다. 25명의 캐릭터들은 따로 만나서 다양한 의견을 나누며 서로를 알아가기도 한다.

　나아가 이들 캐릭터는 다음날을 계획하면서 지난날을 기억하고 반성한다. 그래서 스탠퍼드 대학교와 구글의 연구진은 이 RPG 세계를 '인간 행동이 상호 작용하는 복제물' 즉 '시뮬라크르^{Simulacre}'라고 정의한다. 시뮬라크르는 프랑스 철학자 장 보드리야르^{Jean Baudrillard}로부터 빌려온 개념으로, 단순한 복제가 아니라 시간이 지나면서 그 복제물이 실제와 점점 더 차이가 나거나 심지어 원본과 전혀 다른 의미를 가질 수 있는 경우를 일컫는다.

　연구진은 이처럼 사회적 상호 작용이 가능한 캐릭터를 코딩하도록 챗GPT에 요청했다. 그리고 AI 캐릭터의 감정을 흉내 내는 혁신적인 시스템을 개발했다. 기억과 경험을 바탕으로 캐릭터의 심리 상태를 모델링하는 이 시스템을 활용하여 연구진은 25명의 캐릭터를 제작했다. 연구의 핵심은 이 캐릭터들을 가상 세계에 배치해 서로 대화하고 행동할 수 있도록 한 것이다. 이 캐릭터들은 RPG 세계에서 다양한 도구를 사용하고, 기억하고, 행동하는 등 기존의 NPC와는 차원이 다른 수준의 상호 작용을 보여주었다. 이 AI 캐릭터 하나하나를 AI

에이전트라고 부를 수 있다.

이 가상 세계 게임에는 인간의 개입도 허용된다. 인간은 각각의 캐릭터가 하루를 계획하고 뉴스를 공유하고 관계를 형성하고 그룹 활동을 조율하는 모습 등을 관찰하면서 필요에 따라 개입할 수 있다. 연구진은 이 25명의 AI 에이전트 캐릭터들을 연구하기 위해 주택, 카페, 공원, 슈퍼마켓 등으로 구성된 스몰빌Smallville이라는 가상 마을을 설계했다.

연구원들은 각 캐릭터의 정체성 및 다른 에이전트와의 관계를 설정할 때 전통적인 코딩을 이용하지 않고, 우리가 일상에서 쓰는 자연어를 사용했다. 이렇게 만들어진 각 캐릭터의 정체성은 메모리에 저장되었다. 앞서 설명한 것처럼 이 가상의 스몰빌을 구성하는 25명의 캐릭터는 각각 AI 에이전트다. 예를 들어 25명 캐릭터 중 한 명의 이름은 존 린John Lin이다. 존 린에 대한 자연어 설명은 다음과 같다.

"존 린은 버드나무 마켓 & 약국Willow Market & Pharmacy의 주인이며 사람들을 돕는 것을 좋아한다. 그는 항상 고객이 약을 더 쉽게 구할 수 있는 방법을 고민한다. 존 린은 대학교수인 아내 메이 린Mei Lin과 음악 이론을 공부하는 학생인 아들 에디

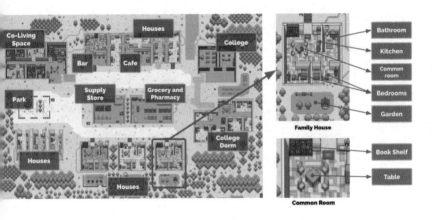

<그림 3> 25명의 AI 에이전트 캐릭터가 살아가는 가상의 스몰빌 구조

린Eddy Lin과 함께 살고 있다. 존 린은 가족을 매우 사랑한다."[13]

〈그림 3〉처럼 스몰빌은 거주 지역Houses, 상업 지역Bar, Cafe, Pharmacy, 대학College 등으로 나뉘어져 있다. 인간 이용자는 25명의 캐릭터가 살고 있는 스몰빌에 새로운 캐릭터로서 입장할 수 있다. 이 때 인간 이용자도 자신의 성격, 가족관계, 직업 등에 대한 소개를 입력해야 한다. 자연어로 만들어진 이 캐릭터 정의를 통해 인간 이용자의 캐릭터는 또 하나의 AI 에이전트로서 스몰빌에서 함께 살아가게 된다.

인간 이용자와 25명의 캐릭터는 모두 어떤 '행동Act'을 통해 스몰빌 상태에 영향을 줄 수 있다. 흥미로운 점은 인간 이용자가 설정한 캐릭터가 하는 말 또는 대화는 상대 AI 캐릭터에게 '내면의 목소리Inner Voice'로 전달되어 상호 작용을 가능하게 한다. 이렇게 인간 이용자는 자연어로 자신의 페르소나를 지정할 수 있고, 내면의 목소리로 상대 캐릭터의 행동에 영향을 줄 수 있다.

연구진은 이 RPG 프로젝트에서 가장 어려웠던 점으로 거대언어모델LLM의 제한된 '메모리Memory'를 꼽았다. 이 메모리는 개별 캐릭터의 페르소나가 저장되는 곳이다. 현재 시점에서 AI 에이전트를 개발하고 대중화하는 데 있어서 가장 큰 한계점은 메모리가 작다는 것인데, 이 메모리 문제는 RPG 프로젝트에서도 예외가 아니었다. 메모리는 챗GPT 등 AI 챗봇이 한 번에 처리할 수 있는 토큰의 수, 즉 콘텍스트 창Context Window의 크기를 의미한다. 쉽게 표현해 우리가 챗GPT 입력창에 한 번에 입력할 수 있는 텍스트 길이를 의미한다. 텍스트 길이가 짧으면 짧을수록 25명의 캐릭터에 부여할 수 있는 페르소나 설명이 짧고 단순해질 수밖에 없다.

다행히도 AI 기술 발전과 함께 거대언어모델의 메모리 크기가 급속도로 증가하고 있다. 이러한 추세에 발맞춰 연구진은 AI 에이전트의 메모리 한계를 극복하기 위한 시스템을 개발했다. 연구진이 설계한 이 시스템은 필요에 따라 '에이전트의 메모리 중 가장 관련성이 높은 부분'을 검색하고 대화를 생성하는 기능을 갖추고 있다. 이는 〈그림 4〉의 '메모리 스트림Memory Stream'이라 불리는 구조를 통해 구현되며, 기존 AI 에이전트 모델의 메모리 한계를 극복하는 데 중요한 역할을 한다.

연구진이 개발한 시스템에서 25명의 개별 캐릭터는 각자의 메모리 스트림을 보유하고 있다. 각 캐릭터는 주변 환경과 상호 작용하며 이를 '인식Perceive'하고, 그 결과를 자신의 메모리 스트림에 기록한다. 이러한 방식으로 AI 에이전트로서의 캐릭터들은 보다 효율적으로 정보를 처리하고 저장할 수 있게 된다. 25명의 AI 에이전트는 메모리를, 다시 말해 경험과 기억을 '검색하고Retrieve', 이 '검색된 경험과 기억Retrieved Memory'을 사용하여 '목표Goal'를 이루기 위한 '행동 및 동작Act'을 결정한다. 또한 메모리 스트림에서 검색된 경험과 기억은 '장기 계획Plan'을 세우거나 개별 캐릭터가 더 높은 수준의 행

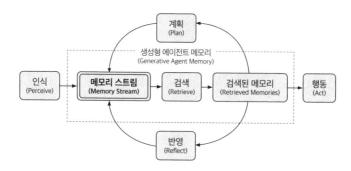

<그림 4> 25명 개별 캐릭터(AI 에이전트) 작동 구조. 이는 대다수 AI 에이전트가 작동하는 구조와 유사하다.

동을 결정하는 '반영Reflect' 과정에도 사용된다. 그리고 이 같은 장기 계획과 반영은 메모리 스트림에 저장되어 RPG 게임의 다음 단계에 활용된다.

이렇게 ①환경 인식 → 메모리 저장 → 메모리 검색 → 검색된 메모리 활용 → 목표 달성을 위한 행동, 혹은 ②검색된 메모리 → 계획 → 메모리 저장, ③검색된 메모리 → 반영 → 메모리 저장이라는 세 가지 작동 구조는 현재 대다수 AI 에이전트의 일반적인 작동 구조와 동일하다.

흥미로운 점은 25명 캐릭터가 서로 대화할 때 자연어로 자연스럽게 소통한다는 것이다. 캐릭터는 인간이 사용하는 자연어로 정보를 교환하고 일상에 대한 기억을 메모리에 저장한다. 연구진은 이 RPG 연구를 통해 크게 세 가지 흥미로운 사실을 발견했는데, 중요한 것은 이 발견들이 연구진에 의해 사전에 프로그래밍된 것이 아니라, 스몰빌에 거주하는 25명 캐릭터 사이의 상호 작용을 통해 자율적으로 발생한 것이라는 점이다. (이러한 특이점이 AI 에이전트의 특성을 반영한 중요한 예시인데, 자세한 설명은 3,4장에 이어진다.)

세 가지 발견 중 첫 번째는 '정보 확산Information Diffusion' 활동이다. 25명 캐릭터들은 서로서로 정보를 공유하며 마을의 정보를 사회적으로 확산시켰다. 두 번째는 '관계 기억Relationship Memory'이다. 25명 캐릭터 사이에서 발생한 과거의 상호 작용이 메모리에 저장 및 기억되었고, 이후 각각의 캐릭터들은 메모리에서 이를 다시 검색하여 특정 관계 활동이나 의사 결정에 활용했다. 그리고 세 번째는 '협력 및 조율Coordination' 활동이다. 스몰빌 구성원들은 다른 캐릭터와 함께 발렌타인 파티를 계획하고, 참석하거나 불참하는 등의 일반적인 인간관계에서 일어나는 협력과 조율 활동을 했다.

예를 들면 이사벨라 로드리게스Isabella Rodriguez라는 캐릭터는 발렌타인 파티장을 친구 마리아Maria 캐릭터의 도움을 받아 꾸미고, 이사벨라는 자신이 짝사랑하는 클라우스Klaus를 파티에 초대한다. 이틀 동안 이사벨라와 마리아는 다른 친구 및 지인의 일정을 고려하여 파티 날짜를 정하고, 파티 초대장을 나누어주고, 그 과정에서 새로운 친구를 사귀고, 서로 데이트를 신청한다. 12명의 캐릭터가 발렌타인 파티 초대를 받았지만, 이사벨라, 마리아, 클라우스 등 총 6명의 캐릭터만 파티에 참석한다. 3명은 너무 바빠 파티에 갈 수 없다는 소식을 전했고, 4명의 캐릭터는 아무런 응답도 하지 않았다.

　12명에게만 파티를 알린 것이나, 이 중 총 6명이 참석하기로 한 것은 사전에 프로그래밍된 것이 아니다. 참석하지 않은 6명 캐릭터는 이를 자율적으로 의사 결정했다. 이 가상의 작은 마을에서 복잡하고 자율적인 상호 작용의 결과로 예상치 못한 상황이 벌어진 것이다. 〈그림 5〉는 이사벨라의 발렌타인 파티를 매개로 한 캐릭터들 사이의 상호 작용을 묘사한 것이다.

　RPG 게임 형식을 띤 이 캐릭터 실험은 거대언어모델에 기반한 AI 에이전트의 작동 방식과 구조, 다시 말해 정보 확산, 관계 기억, 협력 및 조정이라는 세 가지 상호 작용을 이해할

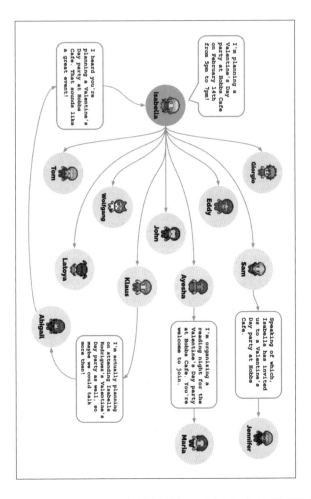

<그림 5> 이사벨라(맨 왼쪽)가 계획한 발렌타인 파티 소식이 전해지는 과정과 상호 작용 메시지

수 있도록 도와준다. 그러나 이 실험을 설계한 인간 연구진이 발렌타인 파티의 결과를 사전에 알 수 없었다는 점은 AI 에이전트의 특징인 '자율성'을 설명하는 데서 그치지 않고 동시에 행동(결과) 예측의 어려움이라는 새로운 과제를 제기한다. AI 에이전트의 잘못된 작동 흐름으로 부적절한 사회 관계가 형성될 수 있는 위험이 존재하는 것이다. 기업이 AI 에이전트를 다양한 산업에 대규모로 적용할 때 이 위험성은 결코 무시할 수 없다. 이는 메모리 용량의 한계와 함께 AI 에이전트 기술이 앞으로 극복해야 할 주요 과제가 아닐 수 없다.

참고로 25명의 캐릭터가 살아가는 스몰빌에서 2023년 구체적으로 어떤 일이 일어났는지는 다음의 링크(https://reverie.herokuapp.com/arXiv_Demo/)에서 영상으로 확인할 수 있다. 이 영상은 이번 연구 실험의 재생이며, 실시간 시뮬레이션은 아니다. 하지만 이 영상은 RPG 가상 세계에서 일어날 수 있는 AI 에이전트 사이의 풍부한 상호 작용을 잘 보여주고 있다.

3장

AI 에이전트의 개념은
계속 진화 중

마이크로소프트 창업자 빌 게이츠는 2023년 11월 자신의 블로그[14]에서 AI 에이전트는 앞으로 컴퓨터 사용 방식을 완전히 바꿀 것이라고 주장했다. 오픈AI 대표 샘 올트먼^{Sam Altman}을 비롯해 AI 업계의 많은 전문가들이 AI 에이전트에 'The Next Big Thing^{차세대 핵심 기술}'[15]이라는 지위를 부여하고 있다.

그러나 이러한 관심과 다양한 연구 개발에도 불구하고 AI 에이전트라는 용어에 대한 공식적인 정의는 아직 존재하지 않는다.[16] 흔히 AI 에이전트는 주변 환경을 인식하고 그에 따라 자율적으로 행동하는 시스템으로 정의되어 왔다. 이 정의에 따르면 심지어 자동 온도 조절 장치도 에이전트로 간주될 수 있다. 거대언어모델 시대에 이렇게 단순한 정의는 그다지 쓸모가 없다. 엔비디아의 수석 연구 과학자 짐 팬^{Jim Fan}은, "AI 에이전트는 역동적인 세상에서 자율적으로 의사 결정을 내릴 수 있는 AI 모델과 알고리즘"[17]이라고 정의했다. 과연 이 표현을 보고 AI 에이전트가 무엇인지 제대로 이해할 수 있을까?

AI 에이전트에서 에이전트^{Agent}는 누군가를 대리 또는 대신하는^{action on behalf of} 사람이나 프로그램을 말한다. 에이전트^{Agent}라는 단어는 에이전시^{Agency}에서 유래했고, 에이전시는 라틴어 동사 agere에서 유래한 것으로 '행하다' 또는 '행동하다'는 뜻을 가지고 있다. 따라서 AI 에이전트는 무언가를 수행해야 한다. 그러나 이것만으로 괜찮을까?

많은 AI 연구자들은 거대언어모델 기반 소프트웨어 시스템을 연구하면서 AI 에이전트를 구성하는 핵심적이고 공통적인 요소를 찾아내기 위해 노력하고 있다.[18] 이 장에서는 다양한 연구진의 자료를 검토하여 AI 에이전트의 특징과 정의를 정리해 보려 한다. 만약 첫 번째 AI 에이전트 정의를 이해했다면, 나머지 다른 정의들에 대한 설명은 건너뛰고 바로 4장 'AI 에이전트 구별과 종류'로 넘어가도 좋다.

다시 말하지만, AI 에이전트에 대한 연구와 서비스는 아직 초기 단계에 있기 때문에 학계와 업계 모두 진정한 AI 에이전트가 무엇인지 합의하지 못한 상황이다. 합의가 없는 상황에서 적절한 접근법은 이것은 AI 에이전트다, 이것은 아니다, 하는 식의 이분법이 아니다. 오히려 AI 에이전트가 가져야 할 여러 가지 속성을 스펙트럼 프레임워크로 분석하는 것이 실용적이다.

스펙트럼 프레임워크란 AI 에이전트가 가질 수 있는 다양한 수준을 설정하는 방법이다. 쉽게 말해서 '특정 AI 에이전트는 속성 A는 강하지만 속성 B는 가지고 있지 못하다', '특정 AI 에이전트는 속성 B와 함께 속성 C를 가지고 있으나 속성 A는 없다'는 식으로 평가하는 것이다. 이러한 접근법을 통해 AI 에이전트가 가질 수 있는 미묘하고 다양한 기능을 더욱 잘 이해할 수 있을 것이다. 또한 AI 에이전트가 가진 잠재력을 과소평가하거나 또는 과대평가하지 않을 수도 있다.

나아가 AI 에이전트는 거대언어모델 발전의 종속 변수다. 즉 거대언어모델이 진화할수록 AI 에이전트도 더 발전할 수 있다. 이러한 상황에서 예컨대 '특정 AI 에이전트는 특성 C가 약하다'고 문제를 제기할 수는 있지만, 이는 거대언어모델이 진화하면서 해결될 수 있기 때문에 당장에 에이전트의 분류에서 제외할 필요는 없다.

AI 에이전트의
6가지 핵심 특성

3장에서는 앞서 언급한 여행 AI 에이전트 서비스 사례를 다시 가져와 AI 에이전트가 가져야 하는 6가지 속성을 설명할 것이다. 이를 통해 AI 에이전트의 적절한 정의는 물론 비즈니스 잠재력까지 이해할 수 있을 것이다. 여기서 소개할 6개 특성 중 대다수는 이미 2장에서 언급한 RPG 사례에서 소개한 바 있다. 특히 37쪽의 〈그림 4〉를 다시 살펴본다면 다음의 6개 특성을 쉽게 이해할 수 있을 것이다.

첫째, **인식 또는 지각**Perception이다. 에이전트는 주변 환경에 대한 정보를 수집하고 해석하는 능력을 가져야 한다. 여행 AI 에이전트 서비스의 경우, 인식이란 이용자가 입력한 여행 선호도를 이해하고 이를 여행 정보 데이터베이스에서 찾아내는 능력을 말한다. 더욱 진화한 AI 에이전트의 인식 능력은 이용자의 과거 여행 기록, 실시간 항공편 데이터, 일기 예보, 여행 지역 행사 일정, 소셜 미디어 여행 트렌드, 뉴스 등을 통합하여 해석할 수 있다. 그래서 이용자의 과거 여행 기록을 통해 AI 에이전트는 자동차 여행을 좋아하는지 대중교통을 선호하는지 구별하고 더 적절한 제안을 할 수 있다.

둘째, **상호 작용성**Interactivity이다. 25명의 RPG 캐릭터가 서로 상호 작용하는 것처럼 AI 에이전트는 '외부'와 연결되고 데이터를 교환할 수 있어야 한다. 여행 AI 에이전트 서비스에서 대표적인 '외부'는 서비스 이용자다. AI 에이전트는 이용자의 다양한 질문에 답변하고, 이용자가 특정 답변 또는 제안을 좋아하거나 묵묵부답의 모습을 보이는 등의 미세한 감정 변화를 보일 경우 이에 맞게 대화 스타일을 조정할 수 있어야 한다. 다시 말해 상호 작용 능력에는 답변의 정확성도 중요하지만 이용자가 만족할 만한 매력적인 답변을 제시하는 창의성도 필수적이다.

셋째, **지속성**Persistence이다. 여기서 메모리가 중요한 역할을 담당한다. 여행 AI 에이전트 서비스는 이용자의 여행 선호도를 기억하고 계속 업데이트할 수 있어야 한다. 이용자가 비행기 통로 좌석을 좋아하는지, 비즈니스 출장 말미에 개인 여행을 추가하는 것을 선호하는지 등 이용자의 여행 습관 및 선호도 정보가 누적될수록 이용자를 더 잘 이해할 수 있고 서비스를 지속적으로 개선할 수 있기 때문이다. 따라서 AI 에이전트에서 메모리 확장은 반드시 필요하다.

넷째, **반응**Reactivity이다. 37쪽 〈그림 4〉의 '반영Reflect'에 해당하는 능력이다. 여행 AI 에이전트 서비스의 경우라면, 환율 변화를 여행 계획에 빠르게 반영하는 능력이다. 또는 호텔 가격이 상승하는 시기와 그 이유를 분석하여 비용을 절약할 수 있는 대체 일정이나 다른 여행지를 제안할 수 있는 능력이다. 또, 뉴스 분석을 통해 여행지에 정치사회 불안 요소가 발생하면 이를 빠르게 여행 일정에 반영하기도 해야 한다. 반응 능력은 결국 첫 번째 속성인 인식 및 지각 능력의 강화로 이어진다. 이 두 개의 능력이 결합할 때 (여행) AI 서비스에 대한 소비자 만족도가 크게 증가할 수 있다.

다섯째, **능동성**Proactivity이다. 능동성이란 이용자가 요청하지 않아도 이용자에게 필요한 정보와 옵션을 제공하는 능력이다. 여행 AI 에이전트 서비스라면, 가고 싶었던 인기 맛집의 예약이 꽉 차서 갈 수가 없었는데, 누군가 예약을 취소했을 때 이를 알아차리고 즉시 이용자에게 예약 제안을 하는 것과 같은 능력이다. 특정 목적지로 향하는 길에 도로 공사가 장기화되거나 대형 사고가 발생하면 이용자에게 대중교통을 추천하는 것도 여기에 해당한다. 능동성은 AI 에이전트가 갖출 수 있는 매우 높은 수준의 속성이다. 풍부한 메모리(지속성)를 갖추고 있어야 하며, 반응 능력과 인식 및 지각 능력 모두 필요하기 때문이다.

마지막으로 **자율성**Autonomy이다. 자율성은 독립적으로 의사결정을 내리고 행동할 수 있는 능력이다. 여행 AI 에이전트에서 이러한 자율성을 구현할 필요는 없다. 최종 선택과 행동은 소비자(이용자)의 몫으로 남겨둬야 하기 때문이다. (이와 관련한 더 많은 이야기는 3부 4장의 'AI 에이전트의 UI·UX'를 참조하기 바란다.)

다만 소프트웨어 에이전트에서는 자율성이 매우 중요하다. 정원에 물을 줄 시기와 물의 양을 결정하는 스마트 시스템을 가정해 보자. 이 경우 토양 수분을 실시간으로 측정하고 일기예보에 따라 물을 자율적으로 줄 수 있는 시스템 기능의 경제적 가치는 결코 작지 않다. 또는 AI 에이전트 기반 재고 관리 시스템을 상상해 보자. AI는 수많은 매장의 재고 수준을 실시간으로 파악하여 배분을 결정하고 이를 자율적으로 집행할 수 있어야 한다.

그런가 하면, 자율성이 가져올 오류의 위험성을 분석하는 것도 중요한 자율성 능력에 속한다. 필요에 따라서는 더욱 중요한 목표를 달성하기 위해 기존의 목표를 능동적으로 수정하는 능력도 포함된다. 이 때 AI 에이전트는 인간 이용자에게 기존 목표 실현의 위험성과 목표 수정의 필요성을 이해시킬 수 있어야 한다. 따라서 진정한 자율성은 단순히 독립적으로 작동하는 것 이상의 의미를 갖고 있다.

이쯤에서 앞서 설명한 스펙트럼 프레임워크로 AI 에이전트를 정의해 보자. 6가지 속성을 모두 가진 경우에만 AI 에이전트로 정의해서는 안 된다. 이는 AI 에이전트 기술 발전 가능성을 차단하는 오류를 범할 수 있기 때문이다. 전자상거래 플랫폼 쇼피파이Shopify의 AI 광고 담당자 줄리아 윈Julia Winn[19]은, 위 6가지 속성 중 5가지 속성을 가졌을 때 'AI 에이전트'로 분류한다. 그리고 '인식 또는 지각', '상호 작용성', '지속성' 이

세 가지 속성만 가진 시스템은 'AI 어시스턴트'로 분류한다.

소프트웨어 에이전트와의
비교를 통한 AI 에이전트 정의

AI 에이전트 개념을 정의하는 또 다른 심화 버전이 궁금하다면, AI가 빠진 전통 '소프트웨어 에이전트'라는 개념을 살펴보는 것도 좋은 방법이다. 그러고 나서 전통 소프트웨어 에이전트와 AI 에이전트의 차이점을 구별하면 AI 에이전트라는 개념을 보다 명확하게 이해할 수 있기 때문이다.

소프트웨어 에이전트는 소프트웨어 이용자 또는 다른 프로그램을 대리하는 관계에 있는 컴퓨터 프로그램이다. 여기서 '대리'라 함은 이용자를 대신하여 '다른 프로그램'을 작동시키는 것을 의미한다. 일반적으로 컴퓨터 프로그램은 다양한 복수의 작은 프로그램들의 집합체다. 예를 들면 이용자가 특정 앱에서 터치를 1회 할 때, 컴퓨터 프로그램은 이 터치와 직접 연결된 결괏값만을 산출하는 게 아니라 사전에 개발자에 의해 정의된 다른 프로그램을 작동시켜 그 결괏값을 함께 보여주는 것을 의미한다.

쉬운 예를 들어 보자. 쿠팡 앱에서 이용자를 뜻하는 사람 이미지 버튼을 클릭하면 다양한 메뉴가 펼쳐지는데 그 중 '주문목록'이라는 메뉴가 있다. '주문목록'을 클릭하면 이용자가 지금까지 구매한 상품 목록이 최신순으로 쭉 나열된다. 이렇게 나열된 목록의 최상위에는 '자주 산 상품 더보기'가 있다. 이 앱의 개발자, 다시 말해 인공지능이 아닌 인간 개발자는 이용자가 '주문목록'을 클릭하면 고객 데이터베이스에 질문 또는 쿼리를 보내서 그 결괏값을 보여주라고 프로그래밍하였다. 개발자는 이와 동시에 자동으로 또 다른 질문(쿼리), 예컨대 "네 번 이상 구매한 상품"이라는 질문을 고객 데이터베이스에 추가적으로 보내서 그 결괏값을 '자주 산 상품 더보기'에 보여주라고 프로그래밍하였다. '주문목록'을 클릭하면 자동으로 '자주 산 상품 더보기'가 함께 보여지는 예는 아주 작은 크기이지만 하나의 '소프트웨어 에이전트'다.

소프트웨어 에이전트는 일반 소프트웨어와 마찬가지로 다양한 기능을 가지고 있고, 각각의 기능들은 또 작은 소프트

웨어로 구성되어 있다. 이런 소프트웨어들을 '모듈'이라고
도 부를 수 있다. 소프트웨어의 작동에 핵심적인 역할을 하
는 데이터베이스 역시 모듈이다. 이러한 개별 소프트웨어 또
는 모듈 간의 원활한 소통은 시스템의 효율적인 작동을 위
해 필수적이다. 이 과정에서 중요한 역할을 하는 것이 바로
API^{Application Programing Interface}다. API는 두 소프트웨어 또는
두 모듈 사이에서 정보나 기능을 교환할 수 있게 한다. 예를
들어, 여행 AI 에이전트 서비스가 기상청 데이터베이스에서
날씨 정보를 얻고자 할 때 API를 사용한다. 이처럼 API는 인
간 개발자나 AI 에이전트가 특정 기능을 쉽게 구현할 수 있
도록 지원하는 중요한 도구다. API로 인해 복잡한 시스템 간
의 상호 작용이 간소화되고, 효율적인 소프트웨어 개발이 가
능해진다.

　또 다른 쉬운 예를 들어 보자. 여러분은 인간 개발자다. 여
러분의 동생은 오사카 2박 3일 여행을 계획하고 있다. 그리고
동생은 햇빛에 쉽게 손상 받는 피부를 가지고 있다. 동생의
이런 약점을 고려해서 오사카 2박 3일 여행 일정을 제공하는
컴퓨터 시스템을 설계해 보자. 최종 답변을 얻기 위해 어떻게

이 시스템을 작동시켜야 할까? 또는 작업의 순서, 즉 모듈의 연결 순서는 무엇일까?

가장 먼저 동생의 '일정' 또는 '캘린더' 데이터베이스에 "동생의 휴가는 언제인가"라는 질문(쿼리)을 보내야 한다. 여기서 2025년 10월 22일부터 10월 26일까지라는 결괏값을 얻는다. 그 다음 비행기 가격과 호텔 가격을 알 수 있는 데이터베이스 또는 이 데이터베이스를 포함하고 있는 웹사이트에서 10월 22일부터 26일까지 최적의 가격을 알아내기 위해 질문(쿼리)을 반복적Interactive으로 보내며 최적의 가격 조합을 제공하는 2박 3일 일정값을 얻는다.

이렇게 여행 날짜가 확정되면, 날씨 데이터베이스에 해당 기간 동안의 오사카 날씨가 어떤지 질문한다. 그 다음 공공 보건 웹사이트에 접속해 해당 날씨에 맞는 썬크림 권장 사용량을 알아낸다. 이를 통해 동생이 오사카 여행을 할 때 어떤 종류의 썬크림을 미리 준비해야 하는지를 알려줄 수 있다. 마지막으로 오사카 여행 정보 사이트에서 반복 질문을 통해 해당 일정에 어울리는 여행 스케줄을 확정한다. 이러한 일련의 과정을 거쳐 이 시스템은 여러분 동생에게 최적의 오사카 여행 일정과 구체적인 스케줄 그리고 건강 관련 필수 조언을 제공한다.

이처럼 다양한 모듈 또는 데이터베이스로 연결된 시스템을 작동시키는 순서와 쿼리를 규정하는 내용을 프로그래밍 제어 논리Programmatic Control Logic라고 한다. 그리고 이 시스템을 소프트웨어 에이전트 또는 컴파운드 시스템Compound System이라고 부른다. 여기서 중요한 것은 지금까지 개발자, 즉 인간이 프로그램 제어 논리를 결정했다는 점이다. 반면 이런 인간 개발자의 역할을 AI가 담당한다면, 다시 말해 거대언어모델이 프로그래밍 제어 논리를 생성한다면 이 시스템을 AI 에이전트 또는 컴파운드 AI 시스템이라고 부를 수 있다.

AI, 정확하게는 거대언어모델은 '햇빛에 민감한 사람의 오사카 2박 3일 여행 일정'이라는 주어진 문제를 세분화하고, 그리고 세분화한 문제들을 해결하는 '계획Plan'을 짜고 개별 모듈(데이터베이스)과 통신하는 방식으로 도구를 사용하여 문제 해결을 진행한다. 이 과정이 자동으로 진행되기 때문에 AI 에이전트를 '자율 AI 에이전트Autonomous AI Agent'라고 부르기도 한다.

물론 챗GPT, 제미나이, 클로드 등의 거대언어모델에 '햇빛에 민감한 사람의 오사카 2박 3일 여행 일정'을 요청할 때도 멋진 답변이 제공된다. 하지만 그 답변에는 여러분 동생의 휴가 기간에 대한 정보가 결여되어 있다. 예컨대 10월 22일부터 26일까지 비행기 가격과 호텔 가격의 최상 조합이 빠져 있다는 것이다. 이렇게 시스템과 연결되어 있지 않은, 다시 말해 도구를 사용할 수 없는 거대언어모델은 이용자를 만족시킬 만한 정확한 결괏값을 제공할 수 없다.

하지만 빠르게 진화하는 거대언어모델 덕분에 우리는 점점 더 시스템의 구성 요소를 십분 활용하고 보다 빠르게 답을 찾을 수 있는 프로그래밍 제어 논리를 생성하게 될 것이다. 이를 통해 외부 데이터베이스에 접근해 10월 22일부터 26일까지 비행기표 가격과 호텔 가격의 최상 조합을 찾아낼 수 있다. 만약 이용자가 요청한 문제가 더 복잡해지거나 시스템을 구성하는 모듈 수가 급증한다고 해도 AI 에이전트는 인간 개발자보다 효과적으로 정확한 최적의 답변을 제공할 수 있는 프로그램 제어 논리를 생성하여 시스템을 작동시킬 수 있다.

AI 에이전트는 여기서 한발 더 나아간다. 거대언어모델은 인간의 문제를 해결하는 계획을 수립한 이후 사전에 이 계획을 반복적으로 실행해 보면서 시스템 어디에서 오류가 발생하는지 파악하고 필요에 따라 계획을 재조정할 수도 있다. 이 과정 덕분에 만족스러운 결과를 제공할 확률이 더욱 높아지는 것이다.

AI 에이전트는 스스로 생성한 세부 계획을 집행하는 과정 그리고 이를 반복적으로 테스트하는 과정에서 사용할 수 있는 모듈의 수를 무한대로 확장할 수 있다. 예를 들어 주어진 데이터베이스뿐 아니라 무한에 가까운 월드와이드웹에서 검색을 할 수 있다. 거대언어모델에게 API 권한만 부여된다면 스마트폰에 설치된 다양한 앱 또는 기업 내부 시스템의 다양한 프로그램을 모두 활용하여 프로그램 제어 논리를 최상으로 발전시킬 수 있다.

위와 같은 측면에서 AI 에이전트는 다음과 같이 정의할 수 있다. ①AI 에이전트는 **자율적 또는 최소한 반자율적으로 하위 세부 작업을 포함한 모든 작업을 수행하여 다단계 프로젝트를 완료**한다. ②AI 에이전트는 **목표를 달성하기 위해 스스로 의사 결정을 하고 최적의 행동을 취하도록 설계된 소프트**

웨어 시스템이다. ③AI 에이전트는 **이용자가 단계별 지시를 내릴 필요 없이 스스로 행동**한다.

이 밖에도 AI 에이전트에 대한 정의는 다양하다. 하나만 더 예를 들어 보자. 2024년 미국 프린스턴 대학교의 연구진[20]은 AI 에이전트가 다음과 같은 세 가지 특징을 갖고 있다고 정의했다. 첫째, 컴파운드 시스템Compound System이 복잡한 환경에서 인간의 지시를 받지 않고도 어려운 목표를 실현할 수 있는 경우 이를 AI 에이전트로 간주한다. 둘째, 자연어로 지시를 받고 인간 감독 없이 자율적으로 행동할 수 있는 경우에도 AI 에이전트로 분류할 수 있다. 셋째, AI 에이전트는 웹 검색이나 프로그래밍과 같은 도구를 사용할 수 있거나 계획할 수 있는 시스템을 일컫는 용어이기도 하다.

이러한 연구들에서 다시 한번 확인할 수 있는 것은, 모든 학계가 인정하는 AI 에이전트에 대한 명확한 정의가 아직 존재하지 않는다는 점이다. AI 에이전트의 스펙트럼이 그만큼 넓기 때문이기도 하고, 또 AI 에이전트에 대한 다양한 실험과 서비스가 실시간으로 발전하고 업데이트되고 있기 때문이기도 하다. 따라서 중요한 것은 단순히 개념 정의를 외우는 게 아니라, 다양한 스펙트럼을 이해하고 그것이 우리 경제와 일상에 미치는 영향을 계속 주시하고 활용하는 것이다.

이런 의미에서 AI 에이전트의 정의에서 그치지 않고, 현재 AI 에이전트가 특히 어떤 작업들을 잘 수행할 수 있고, 어떤 산업에서 주목할 만한 변화를 보이고 있는지도 간단히 살펴보자. (구체적인 설명은 2부와 3부로 이어진다.)

첫째, AI 에이전트는 명확하게 목표가 잘 정의된 작업을 자동화하는 데 탁월하다. 특히 AI 에이전트는 이용자가 가끔씩 하는 큰 작업이 아니라 매일 하는 작은 반복 작업을 수행하는 데 강점을 가지고 있다. 때문에 매일 2-3분 정도가 소요되는 귀찮은 일을 찾아 이를 AI 에이전트를 통해 자동화하는 것이 효과적이다.

둘째, 생성 AI를 활용한 검색 요약 서비스인 구글의 AI 오버뷰Overview, 오픈AI의 자체 검색 엔진인 서치SearchGPT, 퍼플렉시티 등 새롭게 등장하고 있는 AI 검색 서비스 또한 주목할 만한 AI 에이전트이다(2부 1장 참조). 퍼플렉시티 대표 아라빈드 스리니바스Aravind Srinivas는 AI 검색은 단순히 답변 엔진Answer Engine이 아니라 이용자가 적절한 정보에 기반해 좋은 결정을 내리고 행동할 수 있도록 지원한다는 의미에서 행동 엔진Action Engine이라고 표현[21]한다.

셋째, '페럿Ferret UI'라는 언어모델을 활용하는 애플의 진화된 시리Siri 또는 맥락적 오버레이Contextual Overlay라는 언어모델을 적용한 구글 제미나이 라이브Gemini Live 같은 음성 비서 또한 대표적인 AI 에이전트이다(2부 2장 참조).

이러한 서비스들을 더욱 진화시킴으로써 다양한 B2C 영역에서 인간 비서처럼 자연스럽게 그리고 그 이상의 능력으로 방대한 작업을 수행할 수 있도록 하는 것이 AI 에이전트의 비전이다.

넷째, 고객 상담 서비스 봇으로 기능하는 AI 에이전트도 빠르게 진화하고 있다. AI 에이전트 고객 봇은 고객 불만 메시지나 이메일을 분석하여 자율적으로 판단하고 대응할 수 있다. 이 과정에서 AI 에이전트 고객 봇은 고객 번호를 확인하고 CRM 및 배송 시스템 데이터베이스에 접근하여 불만 사항이 타당한지를 검토하고 기업 정책에 따라 이를 처리한다.

다섯째, AI 에이전트의 또 다른 주요 비전은 언어, 오디오,

비디오를 모두 처리할 수 있는 멀티모달 기능에서 찾을 수 있다. 구글이 아스트라^Astra 데모에서 보여준 것처럼(2부 2장 참조), 이용자는 스마트폰 카메라로 사물을 가리키며 상담원에게 질문할 수 있다. 현재 거대언어모델 챗봇은 이용자의 텍스트 질문에 문장으로 답변하는 수준에서 더 나아가 소리와 영상을 이용한 질문에도 답할 수 있는 수준으로 발전하고 있다. AI 에이전트 역시 텍스트, 음성, 이미지, 영상 등 다양한 형식을 활용할 수 있다.

거대언어모델은 AI 에이전트의 두뇌에 해당한다. 따라서 오픈AI의 o1 또는 앞으로 등장하게 될 GPT-5처럼 더 지능적인 거대언어모델은 더 유용한 AI 에이전트를 탄생시킬 것이다. 더 나은 거대언어모델은 더 나은 추론 능력, 장기 기억력^Memory, 멀티모달리티를 가지고 있을 것이기 때문이다.

도구를 사용하게 됨으로써 인간의 뇌가 점점 더 진화하고, 그렇게 진화한 인간 뇌가 더 나은 도구를 만드는 것처럼, 진화하는 거대언어모델은 AI 에이전트가 더 많은 도구를 사용하여 더 효과적으로 목표를 달성할 수 있도록 지원할 것이다.

지금 우리가 경험하고 있는 서비스들은 그 엄청난 변화의 시작점에 불과하다.

참고로, AI 에이전트의 변화 발전 과정에서 인간 개발자의 역할이 사라지는 것은 아니다. AI 에이전트가 반복 실험을 통해 만든 프로그래밍 제어 논리는 인간 개발자와의 상호 작용을 통해 더욱 발전할 수 있기 때문이다. 예를 들어 인간 개발자는 거대언어모델에게 "특정 쿼리 값을 항상 3회 이상 반복할 것", "작업 계획을 수행하는 과정에서 반드시 특정 외부 도구를 사용할 것", "여행 정보 웹사이트 중 A와 B에 가중치를 부여할 것" 등 거대언어모델 챗봇 프롬프트 정의를 더욱 풍부하게 할 수 있다. 이렇게 인간 개발자가 AI 에이전트를 설계하는 과정 또는 완성 이후에 프로그래밍 제어 논리를 담당하는 챗봇 프롬프트를 조정하는 일을 리액트React라 부른다.

특히 거대언어모델이 찾지 못하는 오류 및 환각Hallucination을 인간 개발자는 발견할 수 있다. 따라서 거대언어모델과 인간의 상호 작용을 통해 AI 에이전트는 더욱 정교하게 맞춤형으로 발전할 수 있다. 이렇게 모듈을 포함한 다양한 도구들을 반복적으로 사용하며 특정 문제에 대한 실행 계획을 무수히 많은 경우의 수로 실험하는 AI 에이전트가 리액트 접근법으로 인간 개발자와 상호 작용하면서 AI 에이전트는 보다 복잡한 문제를 해결하는 컴파운드 AI 시스템으로 진화할 수 있다.

AI 에이전트의
구성 요소와 종류

AI 에이전트에 대한 정의가 많은 연구자들에 의해 다양한 스펙트럼을 형성하고 있는 것처럼, AI 에이전트의 종류와 구별하는 방법 또한 다양하다. 우리 회사에는 어떤 에이전트가 필요할지, 그리고 이 에이전트는 어떤 일을 수행할 수 있는지 하는 관점에서 다음의 종류들을 살펴보기 바란다.

첫 번째로 〈MIT 테크놀로지 리뷰MIT Technology Review〉[22]는 엔비디아의 수석 연구 과학자 짐 팬의 말을 빌려 크게 두 가지로 AI 에이전트를 구별한다. 하나는 소프트웨어 에이전트이고, 다른 하나는 물리적 실체를 가진 에이전트Embodied Agents이다.

소프트웨어 에이전트는 앞서 소개한 여행 AI 에이전트 마인드트립처럼 컴퓨터나 스마트폰에서 실행된다. 반복적인 사무 업무의 자동화 또는 복잡한 검색 과정을 자동화하는 것과 같은 서비스이다. 그리고 물리적 실체를 가진 에이전트는 비디오 게임, 자율주행차, 로봇처럼 3D 세계에서 존재하는 에이전트를 일컫는다. 2장에서 소개한 스탠퍼드 대학교 연구진의 롤플레잉 게임도 여기에 속한다. 또한 엔비디아 연구진이 개발한 게임 마인크래프트 AI 에이전트인 마인도조 MineDojo[23]도 물리적 실체를 가진 게임 AI 에이전트다.

그런가 하면, IBM 연구진[24]은 AI 에이전트를 환경과 상호 작용하는 방식에 따라 다섯 가지로 구별한다.

첫 번째는 **단순 반사 에이전트**Simple Reflex Agents이다. 이 에이전트는 과거나 미래를 생각하지 않고 현재의 환경에만 반응하는 것으로 가장 기본적인 AI 에이전트라고 할 수 있다. 현재 온도에 따라 전원이 꺼지거나 켜지는 온도 조절기가 대표적인 사례다. 단순 반사 에이전트는 센서 등 환경 정보 인식을 기반으로 자율 동작을 수행하는 가장 단순한 에이전트 형태다. 이 에이전트는 메모리를 보유하고 있지 않으며 정보가 누락될 경우에도 다른 에이전트와 상호 작용하지 않는다. 일련의 반응 또는 규칙에 따라 작동할 뿐이다. 다시 말해 특정 조건에 해당하는 작업을 수행하도록 사전에 프로그래밍되어 있다.

예를 들어 스팸 이메일 필터 같은 것이 간단한 반사 에이전 트라고 할 수 있다. 이메일이 도착하면 먼저 메시지를 인식하고 미리 정의된 규칙에 따라 해당 이메일을 스팸으로 분류할지 여부를 즉시 결정하는 간단한 기능이다. 이 필터는 발신자의 과거 행동이나 이전 이메일 내용 등의 과거 데이터를 고려하지 않고 현재 수신된 이메일의 내용과 발신자에만 반응한다. 다시 말해 메모리 기능이 없다. 또는 매일 밤 정해진 시간에 난방 시스템을 켜는 온도 조절기도 단순 반사 에이전트에 속한다. 여기서 조건 동작 규칙은 '오후 8시가 되면 난방이 활성화된다'처럼 단순하다.

두 번째 종류는 **모델 기반 반사 에이전트**Model-Based Reflex Agents이다. 이 에이전트는 좀 더 똑똑하다. 과거를 기억하면서 현재 해야 할 일을 결정하는 데 도움을 줄 수 있다. 어제 추웠던 날씨를 기억하여 오늘은 조금 일찍 난방을 켜는 에이전트가 모델 기반 반사 에이전트다. 현재 환경에 대한 인식과 과거의 기억Memory을 모두 사용하고, 계속해서 새로운 정보를 수신하면서 모델의 기능을 업데이트한다.

이러한 에이전트는 앞의 단순 반사 에이전트와 달리 정보를 메모리에 저장할 수 있으며 부분적으로 관찰 가능하고 변화하는 환경에서도 작동할 수 있다. 환경을 탐색하기 위해 모델 기반 반사 에이전트는 주변 환경이 어떻게 작동하는지를 기록하는 내부 모델을 가지고 있다. 이 내부 모델은 지속적으로 업데이트되며, 그 변화에 따라 달라진 행동을 수행할 수 있다. 대표적인 사례가 로봇청소기다. 로봇청소기는 더러운 방을 청소하면서 가구와 같은 장애물을 감지하고 주변 환경에 따라 자신의 행동을 조정한다. 또한 이미 청소한 구역을 모델에 저장하여 같은 장소를 맴돌지 않도록 방지한다.

미로 게임 AI 에이전트도 모델 기반 반사 에이전트에 속한다. 미로 게임 내에서 플레이어를 제어하는 AI 에이전트가 있다고 상상해 보자. 이 에이전트의 임무는 미로 중앙에 숨겨진 보물을 찾는 것이다. 미로 환경에서 모델 기반 에이전트는 벽을 만나면 방향을 바꾸거나 보물을 나타내는 희미한 불빛을 향해 이동하는 등 미리 정의된 규칙이나 탐색 전략에 의해 활동한다. 또한 이 에이전트는 미로를 이동하면서 수집한 정보를 기반으로 내부 모델을 지속적으로 업데이트하여 새로 인식된 벽이나 통로 등의 변화에 적절히 반응할 수 있다. 이러한 내부 상태 업데이트 기능을 통해 에이전트는 미로의 레이아웃을 전체적으로 관찰할 수 없는 영역에서도 부분적으로나마 효과적으로 임무 수행을 할 수 있다.

세 번째 종류는 **목표 기반 에이전트**Goal-Based Agents이다. 이름에서 알 수 있듯이 이 AI 에이전트는 개별 상황에 따라 특정 목표를 달성하도록 설계된다. 단순하게 들릴지 모르지만, 사실 목표 기반 에이전트는 고도로 숙련된 AI 에이전트에 속한다. 예를 들어 고객 및 잠재 고객과 더욱 원활하게 커뮤니케이션하기 위해 방대한 데이터와 머신러닝, 자연어 처리 등을 활용한다. 이 에이전트는 목표에 도달할 수 있는 작업 순서를 검색하고 이러한 작업을 계획한 후 실행에 옮긴다. 이같은 검색 및 계획은 단순 반사 에이전트 및 모델 기반 반사에이전트와 비교할 때 그 효율성이 더욱 향상된 것이다.

나아가 목표 기반 에이전트는 인간 이용자에게 다양한 옵션을 선택할 수 있도록 한다. 예를 들어 목적지까지 가는 가장 빠른 경로를 추천하는 내비게이션 시스템이 여기에 속한다. 이 모델은 목적지, 즉 목표에 도달할 수 있는 다양한 경로 옵션을 제공하여 인간 이용자에게 선택할 수 있게 한다. 또한 이 에이전트는 더 빠른 경로가 발견되면 그 경로를 대신 추천하는 규칙을 가지고 있다. 이렇게 변화하는 상황에 맞게 쉽게 수정할 수 있다는 점은 매우 주목할 만한 기능이다. 이러한 맥락에서 AI 검색 또한 목표 기반 에이전트에 속한다. AI 검색은 이용자가 원하는 정보를 검색하여 가장 정확하고 가치 있는 답변을 얻게 하는 데 도움이 되는 작업에 전략적으로 초점을 맞춘다.

네 번째는 **유틸리티 기반 에이전트**Utility-Based Agents이다. 이 AI 에이전트는 중소기업에서 대기업의 분석가나 관리자가 하는 비즈니스 활동을 대신 수행할 수 있다. 예를 들어 유틸리티 에이전트는 경쟁사 제품의 가격을 분석하여 자사 제품 및 서비스의 가격을 조정하고 수익을 극대화할 수 있다. 또는 인건비, 고객 수요, 직원의 업무 선호도 등에 따라 직원 스케줄을 최적화할 수도 있다.

유틸리티, 즉 효용 기반 에이전트는 특정 효용 또는 보상을 극대화하는 목표에 도달하기 위한 일련의 작업을 선택한다. 여기서 효용은 효용 함수를 사용하여 계산된다. 이 효용 함수는 일련의 고정된 기준에 따라 각 시나리오에 작업의 유용성 또는 에이전트가 얼마나 만족하는지를 측정하는 지표인 유틸리티 값을 할당한다. 고정된 기준에는 목표에 대한 진행 상황, 시간 요구 사항 등이 포함될 수 있다. 그런 다음 에이전트가 효용이 가장 클 것으로 예상되는 작업을 선택한다. 따라서 유틸리티 기반 에이전트는 여러 가지 대안이 존재하는 상황에서 효용 최적화라는 목표를 달성하기 위한 최적의 시나리오를 선택해야 하는 경우에 유용하다.

예를 들어 유틸리티 기반 AI 에이전트는 재정적 이익 극대화부터 에너지 사용량 절감에 이르기까지 특정 효용을 최적화하도록 특별히 설계된다. 목표 지향 에이전트와 달리 고정된 목표를 염두에 두고 작동하지 않으며, 사전에 정의된 효용 기준에 따라 가장 유리한 솔루션을 찾아내도록 설계된다. 네비게이션을 예로 들어 보자. 목적지 도착이라는 목표 달성에 집중하도록 설계하는 것이 목표 기반 에이전트라면, 목적지까지 빠르고 안전하게 가는 경로뿐 아니라 통행료 및 연비 등 비용 효율적인 경로를 찾아내는 식의 복수의 효용을 추구하도록 설계된 것이 유틸리티 기반 에이전트이다.

재무 도우미Finance Assistants도 유틸리티 기반 에이전트의 좋은 사례다. 이 에이전트는 이용자의 수입, 지출, 저축 목표, 위험 선호도 등의 데이터를 수집하여 이용자의 재무 환경을 모델링한다. 이 재무 도우미는 기대 효용을 평가하는 프로세스를 통해 저축, 투자 또는 부채 상환과 같은 다양한 옵션 가운데 가장 최적의 재무 활동이 무엇인지 결정하고, 또한 이용자의 선호도에 따라 재정적으로 가장 유리한 선택을 제안한다. 이 의사 결정 프로세스는 소득, 지출, 시장 상황 등 다양한 변수를 고려하여 이용자가 원하는 재정 목표를 달성할 수 있도록 지원한다.

마지막 다섯 번째로 **학습 에이전트**Learning Agents가 있다. 이는 실수를 통해 학습하고 시간이 지남에 따라 성능이 개선되는 매우 진화된 형태의 에이전트이다. 장기나 바둑을 더 많이 둘수록 점점 더 잘 하게 되는 이치와 같다. 학습 에이전트는 처음에는 기본적인 이해력만 갖추고 있지만, 이 초기 지식 기반에 계속해서 새로운 경험이 추가된다. 이러한 학습을 통해 낯선 환경에서 작동하는 능력을 향상시킬 수 있다. 학습 에이전트는 효용 기반 또는 목표 기반 추론을 할 수 있으며, 〈그림 6〉에서 확인할 수 있는 것처럼 다음과 같은 네 가지 요소로

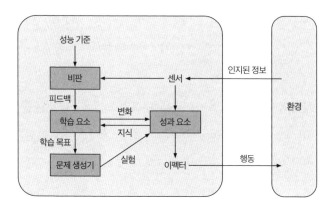

<그림 6> 학습 에이전트 다이어그램 (출처: Javatpoint[25], IBM[26])

구성되어 있다.

- 비판Critic: 이 에이전트의 학습 요소가 미리 정의된 성능 표준과 비교할 때 어떠한지에 대한 평가 또는 피드백을 이용자에게 요청한다.
- 학습 요소Learning Element: 환경과의 상호 작용을 통해 지식을 흡수하여 성능을 더욱 향상시키는 역할을 담당한다.
- 성과 요소Performance Element: 학습을 통해 얻은 지식을 기반으로 외부 작업을 선택하는 역할을 담당한다.

- 문제 생성기Problem Generator: 수행해야 할 작업 및 행동에 대한 다양한 제안을 생성하는 역할을 한다.

예를 들어, 이커머스 사이트나 넷플릭스 같은 OTT 플랫폼에서 이루어지는 개인화된 추천이 학습 에이전트에 속한다. 이러한 에이전트는 이용자 활동과 선호도를 메모리에서 추적하고, 그 정보를 이용자에게 특정 제품 및 서비스를 추천할 때 활용한다. 새로운 추천이 이루어질 때마다 이 사이클이 반복된다. 이용자의 활동은 AI의 학습을 위해 지속적으로 저장된다. 이를 통해 학습 에이전트는 시간이 지날수록 추천 만족도를 향상시킬 수 있다.

또, 이용자의 정보를 저장하는 방식의 AI 검색 서비스도 학습 에이전트에 속한다. 예를 들어, 상위 10개 스마트폰 중 어떤 제품이 가장 좋은지에 대한 검색 요청을 받을 경우 다양한 웹사이트와 정보 소스에서 10개 제품들을 탐색하여 시장 조사를 수행하고, 그 결과 다양한 측면의 장단점과 인사이트를 분석한다. 또한 하위 에이전트 프로그램을 이용하여 시장 분석에 활용했던 웹사이트의 신뢰도를 평가하기도 한다. 그리고 최종적으로 AI 검색 서비스는 탐색 결과를 간결하게 요약하여 주요 스마트폰 제조업체의 장단점을 항목별로 정리한 종합 보고서를 생성한다.

5장

AI 에이전트의
두뇌에 해당하는
거대언어모델

진화하는 거대언어모델:
오픈AI가 개발한 o1의 의미

AI 에이전트의 중심에는 '두뇌'로 통하는 거대언어모델이 자리잡고 있다. 이 거대언어모델은 두 가지 주요 단계를 거치며 발전해 왔다.

첫 번째 단계는 '자연어를 이해하고 언어를 생성'하는 능력이다. 이 시기 동안 거대언어모델은 문장의 내용뿐만 아니라 문맥, 어조, 풍자, 전문용어 등의 복잡한 언어적 특성을 파악했다. 또한 다양한 언어 패턴과 문맥을 인식하고 적절한 텍스트와 오디오를 생성할 수 있게 되었다.

두 번째 단계는 '추론Inference' 능력의 진화다. 자연어를 이해하여 생성하는 단계를 넘어 이제는 복잡한 문제를 해결할 수 있는 뛰어난 추론 능력을 갖추게 된 것이다. 2024년 9월 발표된 오픈AI의 인공지능 모델 'o1'은 이러한 추론 능력을 수학, 과학, 코딩 등의 여러 분야에서 발휘하며 주목 받고 있다. o1 모델의 의미를 제대로 이해하기 위해서는 추론이라 불리는 '인퍼런스Inference'와 이를 기반으로 하는 '리즈닝Reasoning' 간의 차이를 구별해야 한다.

인퍼런스는 거대언어모델의 발전 과정에서 속도와 효율성을 중시했다. 즉, 이용자 입력에 빠른 속도로 반응하고 컴퓨팅 자원을 최소화하는 것이 핵심이었다. 그러나 최근에는 논리적이고 단계적인 사고 과정을 통해 복잡한 문제를 해결하는 리즈닝의 중요성이 부각되고 있다. 리즈닝에서는 결과물의 퀄리티와 정확성이 가장 중요한 요소로 평가된다. o1 모

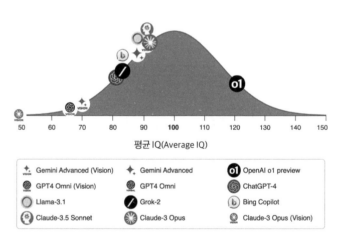

<그림 7> 거대언어모델 IQ 테스트 결과. 그래프의 오른쪽에 위치한 o1의 IQ가 모든 서비스 가운데 압도적으로 높다. (출처: TrackingAI.org[27])

델이 바로 이 리즈닝에 더 높은 가치를 두고 설계되어 큰 관심을 받고 있는 것이다. 이는 지금까지 거대언어모델이 주로 인퍼런스에 집중해 왔던 경향과는 차별화된 접근이다.

이처럼 거대언어모델이 결과물의 속도와 효율성을 중시했던 인퍼런스에서 결과물의 퀄리티와 정확성을 중시하는 리즈닝으로 무게 중심을 옮기며 발전한 것이 거대언어모델의 첫 번째 진화라고 할 수 있다.

두 번째 진화는 거대언어모델 연구의 무게 중심이 '모델 학습'으로부터 인퍼런스와 리즈닝을 포함한 '추론' 단계로 옮겨 간 것이다. 비유하자면, 모델 학습은 새로운 생산 시설을 갖춘 공장을 설계하고 건설하는 과정과 유사하다. 반면에 추론 단계는 공장을 성공적으로 세팅한 후 그 공장의 생산 시설을 활용하여 실제로 제품을 생산하는 과정을 의미한다. 학습에서 추론으로의 변화는 기업들이 점점 더 높은 수준의 정밀성과 품질을 요구하게 되는 과정에서 필연적인 진화인 셈이다.

전통 거대언어모델:
모델 학습은 비싸고, 추론은 저렴

지금까지 거대언어모델 개발의 핵심은 모델 학습 및 훈련에 집중돼 있었다. 그런데 대형화된 거대언어모델의 학습 및 훈련 기간이 점점 길어지고 있고, 이에 따라 비용도 막대하게 증가하고 있다. 클로드Claude 3.5의 경우 훈련 비용이 1억에서 2억 달러에 이를 것으로 전문가들은 추정한다. 스탠퍼드 대학교 AI 인덱스 보고서[28]는 GPT-4와 제미나이 울트라의 학습 비용이 각각 약 7,800만 달러와 1억 9,100만 달러라고 전했다.

클로드 개발 기업인 앤트로픽Anthropic의 대표 다리오 아모데이Dario Amodei는 "2025년 또는 2026년 거대언어모델당 학습 비용이 최대 100억 달러까지 상승할 수 있다."고 예측[29]했다. 이러한 예측이 시장에 새로운 경쟁자 진입을 막기 위해 공포감을 조성하려는 목적이라는 의견도 있지만, 현재 비용 상승 추세는 명확한 사실이다. 학습 비용 증가는 언어모델 제공 기업들이 감당해야 할 부담으로 작용하여 시장 진입 장벽을 높이고 있다. 실제로 모델 학습에 수억 달러를 투자할 수 있는 기업은 극히 제한적이기 때문이다.

그런데 언어모델의 학습 비용이 증가한다고 해서 반드시 추론 비용도 상승하는 것은 아니다. 더 큰 규모의 언어모델이 학습과 추론 모두에서 계산 집약적일 수밖에 없지만, 주요 AI 기업들은 경쟁적으로 추론 비용을 낮추기 위해 노력하고 있다. 이러한 움직임은 2023년 11월에 발표된 GPT-4 터보Turbo로부터 시작되었으며, 이후 최상위 언어모델들의 추론 비용이 계속해서 감소하고 있다. 높은 추론 비용은 거대언어모델의 대중화를 저해하는 요소로 작용하기 때문에, 기업들이 이용자 수 확대를 위해 지속적으로 이 문제를 해결하고 있는 것이다.

복잡한 논리와 추리에 강한
언어모델 o1

오픈AI의 o1은 지금까지 거대언어모델이 발전해 온 방향과 다른 측면이 있다. o1은 뛰어난 추론 능력을 갖추고 있어 앞서 개발된 다른 GPT 모델들보다 훨씬 스마트하지만, 추론하는 데 걸리는 시간이 더 길어졌다. 따라서 이용자는 이 언어모델이 느리다고 느낄 수 있다. 또한 o1은 추론 과정에서 '생각 중'이라는 메시지를 보여줌으로써 추론 컴퓨팅 시간을 의인화하고 있다.

사실 o1은 "이 이메일을 좀 더 전문적인 어조로 바꿔 줘."와 같은 요청에 최적화되어 있지 않다. 이러한 작업은 클로드나 GPT-4o 같은 기존 거대언어모델이 더 좋은 성과를 낼 수 있다. 오히려 o1은 수학이나 소프트웨어 프로그래밍 같은 논리적인 작업을 다른 거대언어모델보다 더 잘 수행할 수 있다. 단순한 작업보다는 복잡한 과제를 수행하는 데 최적화되어 있기 때문이다. o1에 단순한 작업을 요청하면 o1은 너무 많이 '생각'하여 그 결과가 복잡해질 수 있다.

지금껏 거대언어모델에서의 유일한 혁신은 학습 수준을 높이는 것이었다. 더 많은 컴퓨팅 성능, 그리고 더 많거나 더 좋은 데이터, 더 뛰어난 모델 아키텍처 등 모든 것이 언어모델 학습에 집중되어 있었다. 그런데 o1은 추론 시간이 길어졌을 지언정, 복잡한 과제를 해결하는 지능 측면에서는 언어모델에 대한 새로운 가능성을 열어주었다. 인간이 추론 시간이 길어지는 것만 양해해준다면 생성 AI의 새로운 가능성이 열릴 수 있음을 o1은 명확하게 보여주고 있다.

단계별 사고로 거대언어모델의 한계를 넘다

거대언어모델은 이용자의 입력을 분석한 뒤 가장 적합한 응답(또는 토큰)을 통계적으로 예측하는 방식으로 작동한다. 그래서 후속 토큰 하나가 잘못 생성되면 전체 토큰이 모두 부정확해지는 경로의존성의 특징이 있다. 물론 언어모델 크기가 커지면 이러한 오류 가능성도 줄지만, 그래도 문제는 여전히 남아 있다.

생성 AI 이용자들은 질문을 입력하는 프롬프트를 세심하게 조정함으로써 오류의 가능성을 낮출 수 있는데, 여기서 '단계별 사고' 또는 '생각의 연쇄 Chain of Thoughts'라는 개념이 등장한다. 이는 보다 나은 결과를 얻기 위해 사용되는 기법으로, AI 서비스 오웰Orwell[30]의 '팩트체크' 기능에서도 활용되었다. 그러나 이 방법 역시 오류 가능성을 낮출 뿐, 환각 문제를 완전히 해결하지는 못한다.

이처럼 오류와 환각의 문제를 생각해 볼 때, o1은 단계별 사고 프롬프트를 갖추고 있다는 점에서 주목 받고 있다. 2024년 1월 〈세마포Semafor〉 보도[31]에 따르면, 오픈AI는 1,000명 이상의 개발자를 고용하여 다단계로 구성된 소프트웨어 프로그래밍을 다시 단계별로 세분화하였다. 이 과정에서 학습 데이터에서도 생각의 연쇄가 적용되었을 가능성이 높다.

또한 오픈AI는 '단계별로 검증하자Let's Verify Step by Step'라는 연구 논문[32]을 통해 프로세스 감독 보상 모델PRM: Process-supervised Reward Model을 소개했다. 이는 하나의 작업을 몇 개의 작은 단계들로 나누어 정확성을 평가하는 방법론이다. 이 방법론으로 수학과 소프트웨어 프로그래밍 관련 새로운 학습 데이터를 준비하여 o1 모델이 다단계 논리 문제 해결에 집중하게 했다. 그리하여 o1 모델은 문제 해결을 위해 여러 가지 방향을 탐색하고, 각 단계를 독립적으로 평가하여, 특정 단계에서 오류가 발생할 경우 처음 단계로 돌아가지 않고 해당 단계에서 재시작할 수 있도록 설계되었다. 이러한 접근 덕분에 언어모델은 더 긴 '생각하는 시간'을 갖게 되었으며, 이는 AI가 잘못된 방향으로 나아가는 것을 방지할 수 있다.

거대언어모델의
발전 방향

오픈AI는 이미 1천만 명의 유료 구독자를 확보하고 있다. 출시된 지 1년밖에 되지 않은 고가의 기업용 상품도 이미 100만 명의 가입자를 보유하고 있다. 이런 기업용 상품에서 o1은 엄청난 잠재력을 갖고 있다. 기업들이 다양한 과제에 대한 솔루션 적용 유형을 점점 더 확대해 갈 것이기 때문이다.

o1은 학술 연구에서도 점점 더 많이 활용될 것이다. 나아가 AI 프로그래밍 에이전트 다시 말해 거대언어모델 기반 소프트웨어 프로그래밍 또한 o1으로 새로운 국면을 맞이할 수 있다.

o1은 자율 및 반자율 에이전트 시대가 점점 더 가까워지고

있음을 상징한다. o1과 같은 거대언어모델은 뛰어난 AI 에이전트가 탄생할 수 있는 탄탄한 기반이 되기 때문이다. 그리고 몇 달 안에 o1과 유사한 언어모델이 오픈AI뿐 아니라 다른 기업들을 통해서도 계속해서 더 많이 등장할 것이다.

o1은 거대언어모델의 발전이 모델의 크기 또는 변수의 크기 증가 방향으로만 이뤄지는 것은 아님을 증명했다. 추론 과정에 가치를 두고 있는 o1의 진화를 보면서 우리는 거대언어모델 개발이 아직도 무궁무진하다는 것을 짐작할 수 있다.

6장

도구를 사용하는 인간 vs. 도구를 사용하는 AI

2024년 8월 20일 소셜 플랫폼 X에서 만 8세 소녀가 생성 AI의 도움으로 단 3분 만에 단어 게임 워들[Wordle]을 만드는 영상[33]이 공개되어 큰 화제였다. 이 소녀는 8세 아이다운 일상 언어(자연어)로 자신이 가지고 싶은 게임을 설명했을 뿐, 프로그래밍 언어는 몰랐다. 아이의 일상 언어를 듣고 이해하여 게임을 만든 것은 커서[Cursor34]라는 AI 코딩 서비스였다.

이 동영상은 우리가 현재 목격하고 있는 변화가 얼마나 빠르고 대단한지를 실감케 한다. 우리가 일상적으로 사용하는 자연어로도 AI를 통해 소프트웨어 프로그래밍 효율성을 얼마나 빠르게 끌어올릴 수 있는지를 명확하게 보여주고 있다. 초보자 또는 프로그래밍 지식이 없는 사람도 AI 덕분에 노트북 배경 화면에 눈을 내리게 하거나 낙엽이 떨어지는 프로그램을 쉽게 만들 수 있는 세상이다. 전문 개발자는 상품 판매 사이트에서 검색 엔진에 이르기까지 더 큰 프로그램 코드를

AI에 요청할 수 있다. 그럼에도 이는 생성 AI가 할 수 있는 일의 일부에 불과하다. AI가 코딩을 도울 수 있다면 소프트웨어 세계에 큰 변화가 일어날 수 있다.

생성 AI는 이메일이나 리포트를 작성하고 멋진 그림을 그리는 등 많은 이들을 놀라게 했지만, 생성 AI의 가장 중요한 기술은 컴퓨터 프로그램 또는 소프트웨어를 만들어내는 기술이다. 소프트웨어는 코드로 구성되어 있고, 이 코드는 행동 Action을 가능하게 하기 때문이다. 우리가 즐겨 하는 검색, 상품 구매, 계좌 이체, 병원 예약 등 수많은 행동이 생성 AI의 도움을 받아 자동화될 수 있다.

엔비디아 AI 연구팀은 챗GPT에게 세계에서 가장 인기 있는 게임 중 하나인 마인크래프트를 플레이하도록 가르쳤다.[35] 이렇게 탄생한 마인크래프트 AI 캐릭터는 스스로 수영하고, 식물을 채집하고, 돼지를 사냥하고, 금을 채굴하고, 집을 짓는 방법을 배우며 마인크래프트 세계에서 살아가기 위한 모든 종류의 기술을 익히고 있다. 엔비디아의 마인크래프트 프로젝트는 챗GPT가 AI 에이전트라는 새로운 종류의 자율 시스템으로 진화하고 있다는 신호다.

AI 에이전트는 챗GPT, 제미나이, 클로드 등의 생성 AI 챗봇뿐만 아니라, 그 밖에 다양한 소프트웨어들을 도구로 사용할 수 있다. AI 에이전트는 스프레드시트(엑셀), 캘린더, 여행 사이트 등 이미 존재하는 다양한 소프트웨어 및 웹사이트를 도구로 활용할 수 있고, 나아가 스마트폰의 수많은 앱과 기타 온라인 도구들을 사용하면서 점점 더 스마트해질 것이다.

인간처럼 도구를 사용할 수 있게 된 AI

인류 진화 과정에서 인간이 도구를 사용할 줄 알게 되고, 그 도구를 발전시켜 온 것은 매우 핵심적인 요소였다. 인간은 초기 돌, 나무 등의 자연 도구를 사용하다가 점점 철기, 바퀴, 도르래 등으로 도구를 발전시켜 왔다. 산업혁명은 증기, 전기 등 인간이 이용할 수 있는 도구의 혁신과 다름없다.

그렇게 인류 문명이 진화한 것처럼, AI 진화의 핵심은 AI가 인간처럼 점점 더 많은 도구를 사용할 수 있게 된다는 점에 있다. AI 에이전트가 가져올 폭발적 잠재력은 지금까지 인간이 만들어 온 거대한 소프트웨어 생태계 모두를 자신의 도구로 활용할 수 있다는 점에 있다.

'도구를 사용하는 사람'이라는 뜻의 호모 하빌리스Homo Habilis는 도구 사용을 통해 뇌를 크게 발달시키며 '슬기로운 사람(호모 사피엔스Homo Sapiens)'으로 진화했다. 인간이 사용하는 도구의 혁신과 인간 두뇌의 발전은 인류 문명의 진화로 이어지고 있다. 마찬가지로 거대언어모델이 사용하는 소프트웨어 도구의 확장은 비로소 AI 경제 혁명을 가능하게 할 것이다.

인간은 앱과 웹사이트를 이용할 때 버튼, 메뉴, 화면 등의 그래픽을 터치한다면, AI 에이전트는 API에 접속하여 수많은 앱과 소프트웨어, 웹사이트를 이용할 수 있다. 이론적으로 AI 에이전트는 인터넷에 있는 모든 프로그램에 접속하여 이를 도구로 활용할 수 있다.

AI 에이전트가 아니더라도 챗GPT 등 생성 AI 챗봇에 그 기능을 보강하는 소프트웨어인 플러그인Plugins을 설치하면 생성 AI 챗봇은 회의를 예약하고, 항공편을 검색하고, 파일을 편집하고, 데이터를 분석하고, 기업의 연간 매출을 설명하는 스프레드시트를 여러 가지 색상의 차트로 변환할 수 있다.

AI 에이전트는 플러그인이 장착된 생성 AI 챗봇보다 더 진화한 개념이다. AI 에이전트는 더 광범위한 소프트웨어 도구를 활용하여, 더 복잡한 과제를 해결할 수 있다. 그리고 인간이 지금까지 담당해 온 지루하고 반복적인 일을 대신함으로써 직장인의 업무 효율을 크게 높이고 기업에 새로운 비즈니스 기회를 제공할 수 있다. 여기에 AI 에이전트가 가지고 있는 엄청난 경제 효과가 있다.

그런데 왜 단순히 비용 절감이 아닌 새로운 비즈니스 기회라고 말하는 걸까? 노동자 개인의 업무 효율성 증대는 기업입장에서 볼 때 동일 생산물에 대한 비용 감소를 의미한다. 그리고 비용 감소는 기업의 수익률 상승으로 이어진다. 때문에 모든 기업은 생산 비용을 절감할 수 있는 기술 혁신을 추구한다. 또, 비용 절감 및 수익 증가를 실현한 기업은 그렇게 축적된 자본으로 새로운 비즈니스를 시도할 수 있는 기회를 얻는 경우가 많다. 예를 들어 보자.

1990년대 후반 필자가 독일 생활을 시작했을 때 받은 충격 중 하나는 개인이 은행에서 계좌를 만들 때 매달 소정의 비용을 지불해야 한다는 사실이었다. 개인 은행 계좌는 생성 시점부터 유료로 운영되었다. 컴퓨터를 통해 은행 계좌 운영이 자동화되기 이전에는 계좌 운영 자체에 제법 많은 인원이 필요했고, 그만큼 큰 비용이 발생했다. 은행은 이 비용을 개인에게 떠넘겼다. 독일 은행들은 비용만 고객에게 전가한 것이 아니라 개인 계좌 운영을 통해 적지 않은 돈을 벌었다.

〈그림 8〉은 1970년대 뱅크오브아메리카^{Bank of America}의 회계실 모습이다. 수많은 책상에 타자기와 계산기가 놓여 있다.

<그림 8> 1970년대 뱅크오브아메리카 회계실의 모습. (출처: 챗GPT 생성 이미지)

이 회계실에서 예금, 인출 및 기타 거래가 은행 규정에 따라 엄격하게 수작업으로 기록되었다. 은행은 대리점마다 작지 않은 규모의 회계실을 운영해야 했고, 그에 따른 비용을 고객에게 전가했던 것이다.

1970년대 은행 회계 업무가 미국을 시작으로 자동화되기 시작했다. 컴퓨터 덕분에 은행 업무 효율성이 증가했고, 그 결과 회계실의 일자리는 사라졌다. 그렇다고 은행 회계실에서 근무하던 사람들이 모두 일자리를 잃었다는 뜻은 아니다. 은행은 개인과 기업에게 계좌를 무료로 제공함으로써 고객 저변을 더욱 크게 확장할 수 있었고 은행 비즈니스도 다각화할 수 있었다. 계좌 운영 자동화를 통해 은행 규모는 크게 성장했고, 그만큼 은행 일자리 수도 증가했다. 마치 헨리 포드가 자동차 생산에 컨베이어 벨트를 도입하면서 비용 절감 효과를 거두고, 그것이 자동차 가격 인하로 연결되어 자동차 시장 자체의 규모를 키운 것과 동일하다. 그래서 비용 절감, 다시 말해 생산성 향상은 비즈니스 확장이라는 진정한 혁신의 출발점이다.

AI를 통한 비즈니스 혁신은
경영진에 달렸다

챗GPT 등 AI 챗봇이 개인의 생산성을 향상시키는 수단이라면, AI 에이전트는 기업에게 새로운 비즈니스를 상상할 수 있는 혁신 기회를 제공한다. 개인이 AI 챗봇을 이용하도록 강요하는 것이 기업의 AI 전환^{AX: AI Transformation}이 아니다. AI 에이전트는 직원 개인의 생산성을 높이는 것이 아니라 기업 전체의 생산성을 높여 더 나은 사업 성과를 얻는 데 도움이 된다.

은행 계좌가 무료로 제공되면서 계좌 고객 수가 폭발적으로 증가하고, 그 결과 은행은 보다 다양한 서비스 제공을 통해 수익성을 크게 개선했다. 이 과정에서 은행 직원 개인의 생산성 향상도 이뤄졌지만, 이 사실에만 집중해서는 안 된다. AI 전환의 궁극적인 목표는 비즈니스 성과이며, 기업의 수익성 개선이다. 따라서 AI 에이전트를 적극 활용하는 AI 전환은 평직원의 업무 방식을 바꾸는 것이 아니라 경영진이 과감한 결단을 내리는 데 달려 있다.

현재 사무직 직책 보유자의 경우 대부분이 PC와 함께 성장한 세대이다. 1990년대 처음 PC를 사용하는 것은 어려웠을 뿐만 아니라 혼란스럽고 답답한 일이었다. 이른바 베이비부머 세대와 X세대는 의지를 가지고 업무용으로 PC 사용법을 배워야 했다. 그러나 인터넷과 함께 자란 밀레니얼 세대에게 PC를 사용하는 것은 의지의 문제가 아니라 그냥 삶의 일부분이다. 이 새로운 세대가 현재 기업 구성원의 다수를 이루고 있다. 따라서 기업 혁신의 핵심은 PC 또는 AI를 자유롭게 이용하는 개별 직원 수의 증가 여부와 관계가 없다. 대다수 직원은 AI를 이용하겠지만 전면적으로 업무 방식을 바꾸고 싶어 하지는 않을 것이다. 이는 어쩌면 다음 세대 직원에게 맡길 일이다.

회계업무 자동화를 가장 먼저 그리고 전면적으로 진행한 은행이 계좌 고객의 폭발적 증가로 새로운 비즈니스 기회를 얻었던 것처럼, 경영진은 현재 기업 업무의 어떤 부분을 AI 에이전트로 보완 및 대체할지를 결정해야 한다. 이 결정에서 직원 개인의 AI 챗봇 이용 여부는 중요하지 않다. AI 챗봇이 도구를 사용하는 AI 에이전트로 진화하는 것처럼, 기업은 AI

에이전트를 통해 기업 이익 증대라는 기업 본질적 의미의 비즈니스 혁신을 추구해야 한다.

"우리는 항상 일상에서 실제로 도움이 되는
보편적인 AI 에이전트를 만들고 싶었다.
[…]
우리가 하는 일을 보고 들을 수 있고,
우리가 처한 상황을 더 잘 이해하고,
우리의 요청에 더 빠르게 반응하고
훨씬 더 세심하게 소통하는 에이전트를 상상해 보라."

_ 데미스 하사비스, 구글 딥마인드 CEO

2부

AI 에이전트의
주요 격전지

AI 검색·스마트폰·기업 소프트웨어

다양한 규모의 기업들이 AI 에이전트를 통해 인간 노동을 자동화하고 웹과 스마트폰 앱의 이용 편의성을 극대화함으로써 거대한 매출 기회를 만들기 위해 노력하고 있다. AI 에이전트 기반 시장을 장악하기 위한 주요 격전지는 크게 세 곳이다.

첫 번째는 1장에서 다룰 AI 검색 시장이다. 지난 20여 년간 큰 변화가 없었던 검색 시장이 최근 지각 변동을 일으키고 있다. 검색 시장이 변화하면 뉴스 등의 정보 흐름이 바뀔 뿐 아니라 소비자의 구매 방식도 큰 변화를 겪게 된다. 광고 시장도 변화할 수밖에 없다. 한마디로, 검색 시장의 변동은 상거래 질서 변화를 동반한다. 디지털 시장 전체가 요동칠 수 있고, 시장의 대표 기업이 바뀔 수도 있다.

두 번째 격전지는 2장에서 다룰 음성 인터페이스이다. 2011년 애플의 시리Siri가 아이폰 4S에 결합된 이후, 2014년 아마존 알렉사Alexa, 2016년 구글 어시스턴트Assistant 등이 AI

의 힘을 빌려 조금씩 대중 시장을 열어 왔다. 그러나 당시 음성 어시스턴트의 AI 기술력은 뚜렷한 한계를 가지고 있었고, 대다수 소비자로부터 외면 당했다. 그랬던 음성 어시스턴트가 2024년 거대언어모델의 힘을 빌려 다시 태어났다. 나아가 AI 에이전트와 결합하면서 우리가 스마트폰 앱을 이용하는 방법을 근본적으로 변화시키려는 시도를 하고 있다.

AI 검색 및 스마트폰 앱 시장의 지각 변동이 B2C 소비자 시장에 닥칠 변화라면, 다음 세 번째 격전지는 B2B 시장에 불어 올 변화이다. 소프트웨어 제작 및 소프트웨어 사스SaaS 시장에 휘몰아치고 있는 AI 프로그래밍 에이전트 시장이 그것이다.

거대언어모델은 소프트웨어 코딩에서 탁월한 능력을 보이고 있다. 이 코딩 능력이 에이전트로 진화하면서 AI 프로그래밍 에이전트는 소프트웨어 개발 시장에 파괴적 기술로 평가받고 있다. 자세한 내용을 3장에서 확인할 수 있다.

1장

검색 시장의
지각 변동

AI 에이전트로서의 AI 검색

퍼플렉시티, 구글 AI 오버뷰[Overviews], 서치GPT 그리고 네이버 큐[Cue:]까지 다양한 AI 검색 서비스가 쏟아지고 있다. 이러한 변화는 두 가지 질문을 제기한다. 첫 번째, 구글과 네이버의 공고한 지위가 흔들릴 수 있지 않을까? 두 번째, 비즈니스 마케팅 방식에도 주요한 변화가 일어나지 않을까? 대답은 둘 모두 "예스"이다.

AI 검색은 전통적인 검색 엔진의 강점과 거대언어모델의 고급 대화 능력을 결합한 AI 기반 검색 엔진이다. 구글이나 네이버 같은 기존의 검색 서비스가 이용자 질문(쿼리)에 대해 다양한 링크 목록을 검색 결과로 제공한다면, AI 검색은 이용자의 의도와 맥락을 이해하여 답변은 물론 요약과 인사이트까지 함께 제공한다. 즉, AI 검색은 더 빠르고 더 나은 품질의 결과를 제공하도록 설계되었다.

퍼플렉시티에 "우크라이나와 러시아 전쟁은 언제쯤 끝날

수 있을 것 같아?"라고 질문하면 퍼플렉시티는 BBC, YTN, 한국일보 등 국내외 신뢰 높은 언론에 등장한 많은 전문가 의견을 분석한 다음 그 결과를 종합하여 답변한다. "우크라이나와 러시아 간의 전쟁 종식 시기를 정확히 예측하기는 어렵지만, 현재 상황을 고려할 때 단기간 내 종전은 기대하기 어려워 보인다."라고 답하고, 각주 형식으로 최근 상황이 담긴 BBC 및 CNN 기사를 제시한다.

특히 AI 검색은 2024년 미국과 유럽 국가의 우크라이나 군사 및 재정 지원이 늦어지거나 불확실해지는 상황을 종전의 가장 큰 문제점으로 꼽는다. 이로 인해 우크라이나의 무기 공급 능력이 둔화되고 있기 때문이다. 여기서 그치지 않고 퍼플렉시티는 "서방 국가들은 우크라이나 전쟁에 어떤 역할을 할까?", "러시아의 군사 전략은 어떻게 변화하고 있을까?" 등의 유의미한 관련 질문Related을 추가로 보여준다. AI 검색 결과에는 2페이지, 3페이지 등의 나열이 없으며 추가적인 탐색 기회를 제공하는 후속 질문이 있을 뿐이다.

AI 검색은 가장 좋다고 판단되는 결과를 제공하기 위해 결과의 양을 제한한다. 'Less is More 간결할수록 더 좋다'라는 접근 방식이다. 또한 AI 검색 결과 하단부에 이어지는 대화형 검색 인터페이스는 검색 이용자가 AI를 사용하여 검색 과정에 참여할 수 있는 다양한 기회를 제공한다. 전 세계의 지식에 접근할 수 있는 새로운 방식이 만들어지고 있는 셈이다.

퍼플렉시티 검색 질문 수는 2023년에 연간 약 5억 건에 지나지 않았으나, 2024년 7월 한 달 동안에만 2억 5천만 건으로 급증했다.[1] 퍼플렉시티의 주요 투자자로는 소프트뱅크, 아마존 창업자 제프 베이조스, 엔비디아 등이 있으며, 2024년 한국 SKT가 새로운 투자자로 합류했다. SKT 고객은 퍼플렉시티 유료 버전(Pro)을 1년간 무료로 이용할 수 있게 되었다. 특히 이 유료 버전에서는 AI 검색이 질문에 대한 의도를 더 정확하게 파악하기 위해 질문을 하위 단계들로 나누어 더욱 세밀하게 답을 찾아낸다.

오픈AI도 서치GPT라는 프로토타입 검색 서비스를 공개하며 구글이 지난 20여 년간 공고하게 지켜 온 검색 시장의 지위를 위협하고 있다. 서치GPT가 작동하는 방식도 퍼플렉시티와 유사하게 질문과 답변 형식으로 이용자가 원하는 것을 더욱 빠르고 쉽게 찾을 수 있도록 도와줄 것으로 예상된다.

이외에도 다양한 스타트업이 AI 검색 시장에 속속 등장하고 있다. 월드와이드웹과 함께 검색 시장이 형성된 이래 가장 강력한 경쟁 상황이 펼쳐지고 있는 형국이다. 구글과 네이버는 전통 검색과 AI 검색을 혼합하는 방식의 AI 오버뷰 및 네이버 큐^{Cue:}라는 하이브리드 모델로 대응하고 있다.

AI 검색에는 복수의 에이전트 모델이 사용되고 있다. 이용자 선호도와 검색 패턴 등을 학습하고 개인화된 검색 결과를 제공한다는 점에서 '학습 에이전트' 모델이, 그리고 이용자의 검색 의도를 파악하기 위해 다양한 방법으로 노력한다는 점에서 '목표 기반 에이전트' 모델 등이 복수로 사용되고 있다. 특히 과거 시점의 데이터로 학습된 거대언어모델의 한계를 뛰어넘기 위해 '검색 증강 생성^{RAG: Retrieval-Augmented Generation}' 기법을 사용하는 점이 놀랍다.

검색 증강 생성, 즉 RAG에서 생성^{Generation}은 이용자 요청에 대한 응답으로 텍스트를 생성하는 거대언어모델을 의미한다. 여기서 결정적 문제는 생성된 내용을 뒷받침할 출처가 없다는 점이다. 이 때 환각이 발생할 가능성이 높다. 예를 들어 GPT-4o에 "태양계에서 가장 많은 위성이 있는 행성이 어디야?"라고 물으면, GPT-4o가 학습된 2023년 10월을 기준으로 "총 146개의 위성을 가진 토성"이라는 답이 생성된다. 그러나 2023년 4월까지의 데이터로 학습된 GPT-터보에 동일한 질문을 할 경우 "총 92개의 달을 가지고 있는 목성"이라는 답이 나온다. 2023년 5월에 추가로 발견된 토성의 위성 62개가 고려되지 않았기 때문이다. 이렇게 생성은 거대언어모델 학습 시기에 따라 잘못된 정보를 제공할 가능성이 있다.

만약 AI가 잠시 시간을 내서 나사[NASA]와 같은 공신력 있는 출처에서 답을 찾아보았다면 어땠을까? RAG는 거대언어모델이 알고 있는 것에만 의존하지 않고 나사 웹사이트와 같은 외부 콘텐츠 저장소를 추가로 활용한다는 의미다. 또한 RAG는 거대언어모델이 답변을 하기 전에 가장 최신의 정보 또는 실시간 데이터라는 도구를 활용한다는 뜻이기도 하다. 과학자들이 점점 더 많은 위성을 발견하고 있기 때문에 토성 및 목성의 위성 수는 계속 바뀌고 있다. 따라서 신뢰할 수 있는 가장 최신의 정보를 확보할 수 있다면 AI 검색 서비스가 "태양계에서 가장 많은 위성이 있는 행성이 어디야?"라는 질문에 대해 정답을 제시할 가능성을 높일 수 있다. 이것이 RAG 기법의 기능이며 가치다.

검색 시장의 변화가
몰고 올 파장

여기서 던질 수 있는 질문은, 과연 AI 검색이 전통 검색 시장에 의미 있는 변화를 가져올 수 있을까 하는 것이다. 검색은 월드와이드웹의 관문이며 인터넷에서 콘텐츠가 소비되는 시작점이자 브랜드가 잠재 고객과 소통하는 공간이다. 그만큼 소비자가 월드와이드웹과 스마트폰에서 검색하는 습관은 이미 굳어져 있다. 한번 굳어진 습관은 좀처럼 쉽게 변화하지 않는다. 구글도 이를 잘 알고 있다. 인터넷 브라우저의 절대 강자는 크롬이고, 크롬의 기본 검색 서비스는 구글이다. 나아가 구글은 매년 수백억 달러를 들여 아이폰과 삼성 갤럭시의 기본 검색 서비스로 구글을 제공하고 있다. 이러한 기본 설정을 변경하는 사람은 거의 없다. 이렇게 구글은 촘촘한 그물망을 쳐서 검색 습관의 변화를 차단해 왔다.

그러나 AI 검색이 출연하기 이전부터 검색 시장에는 조금씩 균열이 생기고 있었다. 첫 번째로, 젊은 소비층이 구글 등 전통 검색 서비스를 떠나고 있다. 이들에게 구글은 지나치게 낡은 서비스다. 한때 영어 단어 'Google'은 옥스퍼드 영어 사전에 '검색하다'를 뜻하는 동사로 등재되기도 했다. 그 이후로 이 신조어는 검색 서비스 이용을 대변해 왔고, 이와 함께 기업 구글은 세계에서 가장 수익성 높고 강력한 기업 중 하나가 되었다. 그러나 구글의 이러한 지위가 흔들리기 시작했다. 2024년 번스타인 리서치Berstein Research에 따르면[2] "젊은 이용자는 '구글링Googling'이 아니라 '서칭Searching'이라는 단어로 검색 행위를 표현하여 구글이 보통 명사로서의 지위를 잃고 있음을 시사했다.

Z세대는 데스크톱 웹 브라우저 대신 스마트폰 앱을 통해 인터넷을 경험한 이들이다. 번스타인 리서치는 2024년 4월 미국인 2,000명을 대상으로 실시한 조사에서 Z세대의 45퍼센트가 구글 대신 인스타그램과 틱톡에서 검색을 주로 이용하고 있다[3]고 말했다. 밀레니얼 세대의 경우 약 35퍼센트가,

X세대는 20퍼센트가 구글이 아닌 틱톡과 인스타그램에서 무엇을 살지, 어디서 먹을지, 어떻게 시간을 보낼지 검색하고 있었다.

GWI Core에 따르면[4] 2016년에 Z세대의 약 40퍼센트가 브랜드와 제품 및 서비스를 검색할 때 틱톡과 인스타그램을 주로 이용한다고 답했는데, 2023년에 그 수치는 약 52퍼센트로 크게 증가했다. 이미 2022년 구글 수석 부사장 라가반Prabhakar Raghavan도 "거의 40퍼센트에 달하는 젊은이들이 점심 식사 장소를 찾을 때 구글 지도나 검색을 사용[5]하지 않는다."라며, 구글 내부 데이터를 직접 인용하여 구글 검색의 약화를 예고했다.

구글 검색 지위의 두 번째 균열은 이른바 제품 검색Product Search에서 나타나고 있다. 〈그림 1〉에서 확인할 수 있는 것처럼, 미국 소비자들이 쇼핑을 위해 제품 검색을 할 때 구글, 빙 등의 전통적인 검색 서비스보다 아마존, 월마트 등을 훨씬 더 많이 활용하고 있음을 알 수 있다.

2024년 10월 〈월스트리트저널〉[7]은 구글의 미국 내 검색 광고 시장 점유율이 2018년 60퍼센트에서 2025년 처음으로

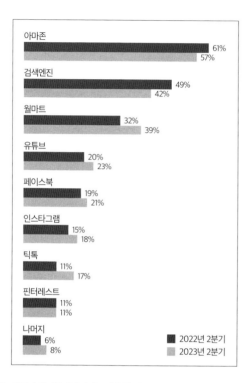

아마존
61%
57%

검색엔진
49%
42%

월마트
32%
39%

유튜브
20%
23%

페이스북
19%
21%

인스타그램
15%
18%

틱톡
11%
17%

핀터레스트
11%
11%

나머지
6%
8%

■ 2022년 2분기
■ 2023년 2분기

<그림 1> 미국 소비자들이 온라인 쇼핑을 할 때 검색하는 플랫폼 (출처: eMarketer6)

50퍼센트 이하로 감소할 것으로 전망했다.

특히 구글은 미국 법원으로부터 구글이 검색 시장을 독점하고 있다는 판결을 받았으며, 유럽연합 집행위와도 이 문제

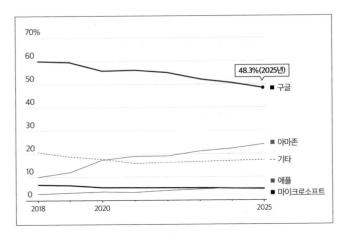

<그림 2> 미국의 검색 광고 점유율. 2025년 수치는 전망치이다. (출처:eMarketer)

로 다투고 있다. 미국 법무부는 구글을 해체하는 방법을 제시하고 있고, 구글은 유럽연합에 타협책으로 외부 웹사이트에 광고를 게재하는 구글 애드센스^AdSense^의 매각을 제안[8]하고 있다. 따라서 2025년에는 세계 검색 시장의 90퍼센트를 점유하고 있는 구글의 입지가 크게 축소될 가능성이 실재한다. 구글 또한 외부 웹사이트 광고를 담당하는 구글 애드센스를 매각한다면, 구글 AI 검색 서비스인 구글 AI 오버뷰 강화 및 AI 검색 광고 상품을 강화할 수밖에 없다. 실제로 구글은

2024년 9월 마지막주 AI 오버뷰에 광고를 게재하기 시작[9]했다. 예를 들어 "청바지에서 풀 얼룩을 지우는 방법"이라는 검색어에 대한 AI 답변에 타이드Tide의 얼룩제거용 팬 광고가 함께 표시되는 식이다.

미국의 경우 AI 검색은 이미 소비자 구매 결정에 영향을 미치기 시작했다. CMS 서비스 제공 기업 스토리블록Storyblock은 2024년 8월 미국 소비자 구매 결정에 AI가 미치는 영향을 조사[10]했다. 조사 결과의 핵심은 소비자 의사 결정 과정에서 다양한 AI 도구의 의존도가 증가하고 있다는 사실이다. 조사 대상 소비자 40퍼센트가 온라인에서 제품을 조사할 때 챗GPT 같은 AI 서비스를 정기적으로 사용하고 있으며, 17퍼센트는 구매 결정 시 AI 도구가 가장 중요한 정보 출처라고 답했다.

브랜드 담당자 중 47퍼센트는 거대언어모델과 AI 검색이 기존 검색최적화SEO 전략을 크게 뒤흔들 것이라 보고 있으며, 20퍼센트는 AI 검색으로 인해 콘텐츠 전략에 전면적인 개편이 시작되었다고 답했다.

2024년 9월 공개된 IBM '2024년 소비자 연구'[11]도 유사한 결과를 보여주었다. 26개국 2만 명의 소비자를 대상으로 조사한 결과, 응답자의 55퍼센트가 구매 결정에 AI 비서를 이용하고 있으며, 59퍼센트는 AI 애플리케이션을 이용한 경험을 가지고 있다. 물론 AI 비서를 이용한 경험이 있는 응답자 중 약 3분의 1만이 만족한다고 답해 아직까지 AI 기술이 소비자 기대를 만족시키지 못하고 있다는 것도 확인할 수 있다. 그러나 응답자 중 5분의 3은 앞으로 쇼핑할 때 AI 애플리케이션을 이용할 의사가 있다고 밝혀 AI에 대한 기대치는 여전히 높다고 평가할 수 있다.

검색되지 않는 것은
존재하지 않는 것

이 같은 검색 시장의 지각 변동에는 단순히 이용자가 구글을 이탈하고 있다는 것 그 이상의 의미가 있다. 구글이나 네이버는 오랫동안 인터넷 브라우저의 대표적인 시작 페이지였다. 이들 검색 엔진이 이용자에게 '최초의 영감'을 제공하는 역할을 해 왔다는 뜻이다. 하지만 스마트폰 대중화의 역사가 길어지면서 검색 엔진의 지위도 영감을 주는 역할도 서서히 상실하고 있다. 이는 인터넷 이용 패턴의 근본적인 변화를 시사한다.

이제 우리는 카카오톡, 이메일, 소셜 미디어 등 다양한 앱을 통해 검색의 영감을 얻고 있다. 하지만 현재의 인스타그램, 틱톡, 유튜브가 제공하는 검색에는 한계가 있다. 이 앱들에서 가고 싶은 레스토랑을 발견해도 바로 예약할 수가 없고, 지도 앱을 추가로 열어야 한다. 바로 이런 이유로 우리를 둘러싼 수많은 앱에 서치GPT 등의 AI 검색 서비스가 탑재될 수 있다. 인스타그램에서 AI 검색, 틱톡에서 AI 검색, 유튜브에서 AI 검색, 스마트TV 화면에서 AI 검색, 카카오톡에서 AI 검색 등 인기 앱에 AI 검색이 연결될 가능성이 매우 높다. "이 사진에 나온 맛집을 예약해 줘.", "이 영상에 나온 호텔 가격을 알려 줘.", "톡에 있는 'ㄹㅇ'의 뜻이 뭐야?" 등 구글 또는 네이버로 돌아가지 않고 이용하는 앱에서 바로 AI 검색을 통해 답변을 요청할 수 있다. 이 점을 구글과 네이버는 가장 두려워해야 한다. 스마트폰에 있는 다양한 앱들이 오픈AI, 퍼플렉시티 등과 AI 검색 계약을 체결할 수 있다. 이 때 검색 시장 경쟁의 판도가 바뀔 수 있다. 소셜 미디어에서, 커머스 앱에서, 카카오톡에서 무언가를 알고 싶은 영감이 떠오를 때, AI 검색은 그 맥락에 맞는 이용자의 의도를 분석하여 짧지만 품질 높은 답변을 제공할 수 있다.

이용자가 영감이 떠오르는 곳에서 바로 AI 검색을 할 경우, 이는 전통 검색 시장뿐 아니라 마케팅과 홍보의 지각 변동까지 동반한다. "검색되지 않는 것은 존재하지 않는 것이다."라는 말처럼 AI 검색 서비스에서도 브랜드 및 개별 상품의 가시성은 마케팅과 홍보의 출발점이기 때문이다. AI 검색 시장이 의미 있는 비율로 전통 검색 시장을 잠식할 경우 기업 마케팅도 변화를 피할 수 없을 것이다.

AI 검색의
퀄리티를 높이는 방법

우리는 지금 구글, 네이버 같은 특정 기업의 서비스 이름이 '인터넷'과 동의어로 사용되던 시대의 종말을 지켜보고 있다.

AI 검색이 등장하면서 AI 검색 시 특정 브랜드가 눈에 잘 띄도록 하는 'AI 검색 최적화'라는 새로운 비즈니스가 생기고 있다. AI 검색 최적화는 거대언어모델 최적화[LLMO], 생성 엔진 최적화[GEO], 생성 AI 최적화[GAIO], 답변 엔진 최적화[AEO] 등 다양한 이름으로 불리고 있다. 이러한 약어조차 합의되지 못했다는 것은 이 주제가 얼마나 초기 단계인지를 보여준다.

2024년 6월 미국 프린스턴 대학교 연구진을 중심으로 한 연구 논문 '생성 엔진 최적화[Generative Engine Optimization]'[12]는 현재 수준에서 가장 진화된 AI 검색 최적화 방안을 제시하고 있다. 이 논문이 제시한 네 가지 방안을 소개한다. AI 에이전트로서 AI 검색이 어떻게 작동하는지 좀 더 구체적으로 알 수 있게 될 것이다.

첫 번째, 앞서 설명한 것처럼 AI 검색은 정보의 최신성과 정확성을 확보하기 위한 도구로서 검색 증강 생성 즉 RAG를 반드시 사용한다. 따라서 기업이 운영하는 웹사이트 또는 블로그는 반드시 RAG 기법에 적합해야 한다. AI 검색이 선호하는 RAG 기법은 하이브리드 RAG다(118쪽 TIP 참조). 그러나 RAG는 전제 조건 또는 출발점에 불과하다. 만약 AI 검색 이

TIP: RAG 깊이 보기

RAG는 검색 이용자의 질문(쿼리)을 바탕으로 답변을 생성하는 AI 모델이다. 그런데 답변 과정에서 긴 문서를 한 번에 처리하기 어려운 문제가 발생하는데, 이를 해결하기 위해 문서를 청크chunk라는 이름의 작은 단위로 나눈다. RAG는 이 분할된 여러 개의 청크들을 검색한다. 청크 기반 RAG를 벡터Vector RAG라 부른다.

나아가 RAG는 해당 문서의 지식 그래프Knowledge Graph를 활용한다. 지식 그래프는 해당 문서가 가지고 있는 정보 및 지식을 네트워크 방식으로 연결하여 저장한 것이다. 예를 들어 "강정수는 서울에 살며 《생성 AI 혁명》이라는 책을 집필했다."에서 지식 그래프는 강정수(사람) – 서울(도시) – 생성AI혁명(책)을 연결하는 네트워크 구조다. 여기서 사람, 도시, 책은 노드node이며, 이 노드들 사이의 관계('사람이 도시에 산다', '사람이 책을 썼다' 등)는 링크link, edge로 연결된다. 또 다른 예를 들면, '스티브 잡스'라는 노드와 '애플'이라는 노드가 '창업자'라는 관계로 연결되어 있는 식이다. 이렇게 정보가 연결되면 AI가 인간처럼 항목(노드) 사이의 관계를 이해할 수 있고, 질문에 대한 답을 더욱 정확하게 제공할 수 있다. 구글 같은 전통 검색이 이 지식 그래프를 적극 활용하고 있고, AI 검색 또한 지식 그래프에 기반해 작동한다. 이를 '그래프Graph RAG'라 부른다.

그리고 벡터 RAG와 지식 그래프 모두에서 문맥적 정보를 검색하는 경우를 '하이브리드Hybrid RAG'라 칭한다. AI 검색은 이 하이브리드 RAG를 가장 선호한다.

용자가 "현대자동차는 지속가능성을 위해 얼마나 노력하고 있어?"라고 질문한다고 가정해 보자. 거대언어모델이 생성하는 결과물은 통계적 빈도에 의해 결정된다. 즉, 특정 RAG에 '현대자동차'와 '지속가능성'이 함께 '연이어 등장하는 빈도'가 높을수록 AI 검색은 이 RAG를 AI 검색 답변에 활용할 확률이 높아진다. 다시 말해 특정 RAG에 '현대자동차'와 '지속가능성'이라는 단어가 많다고 이 RAG가 답변에 활용되는 것이 아니라, '두 단어가 연이어 존재'하는 경우가 많아야 한다. 이것이 바로 두 번째 AI 검색 최적화 방법이다.

세 번째로, AI 검색은 스키마 마크업 Schema Markup이 제대로 갖추어진 웹사이트를 좋게 평가한다. 스키마 마크업이 잘되어 있어야 AI 검색이 앞서 설명한 하이브리드 RAG 기법을 사용할 수 있기 때문이다. 다시 설명하면, AI 검색은 관련성이 가장 높은 정보를 가져와 이를 결과로 표시하며, 이 때 스키마 마크업은 AI가 이 정보를 쉽게 찾을 수 있도록 도와주는 역할을 한다. (스키마 마크업은 웹페이지의 HTML 코드에 추가되는 마이크로 데이터 또는 구조화된 데이터다.) AI 검색은 스키마 마크업을 통해 지식 그래프(118쪽 TIP 참조)를 쉽게 만들 수 있기 때문이다.

예를 들어 AI 검색 결과에는 앞서 퍼플렉시티 화면을 예로 들어 설명한 것처럼 짧고 품질 좋은 답변과 함께 후속 질문이 이어진다. 따라서 이 후속 질문들에 대해 정확하고 풍부한 답변을 제공하는 것도 중요하다. 이런 맥락에서 웹사이드를 운영할 때 특정 콘텐츠에 이용자가 자주 할 법한 질문에 대한 답변이 담겨 있다면, 이를 스키마 마크업에 'FAQ[Frequently Asked Questions]'라고 표시해 두어야 한다. 그래야 AI 검색이 빠르게 해당 콘텐츠의 특성을 이해할 수 있고, 여기서 답변을 찾아갈 수 있기 때문이다. AI 에이전트로서 AI 검색은 (하이브리드) RAG라는 '도구'를 사용하여 검색 이용자의 질문에 제대로 답변하는 목표를 추구한다. 이 도구가 빠르고 효율적으로 작동하도록 돕는 기능이 스키마 마크업이다.

마지막 네 번째 AI 검색 최적화 방안에서는 콘텐츠의 신선도가 중요하다. 2024년 3월 구글 검색 순위 알고리즘이 유출되는 사고[13]가 있었다. 이때 구글은 '콘텐츠 생산 날짜 정보'에 기초하여 콘텐츠의 최신성과 정확성에 점수를 부여하며, 이 점수를 검색 순위 결정에서 우선시한다는 점이 드러났다.

이는 거대언어모델에서도 예외가 아니다. AI 검색이 환각을 줄이기 위해 RAG를 활용하는 것처럼, AI 검색은 최신 콘텐츠를 선호한다. 거대언어모델은 '과거'의 데이터로 학습했고, 오래된 학습 데이터는 상대적으로 틀린 정보일 가능성이 높기 때문이다. 따라서 AI 검색은 학습된 거대언어모델의 한계를 바로잡기 위해 콘텐츠의 최신성을 우선시한다. 그래서 기업 블로그, 이커머스 상세페이지 등을 정기적으로 새롭게 업데이트할 필요가 있다.

대표적인 전통 검색엔진의 시대가 막을 내리고, 이제 AI 검색은 다양한 앱에서 이용자가 무언가를 알고 싶은 영감이 떠오를 때마다 즉시 답변을 제공하기 시작했다. 인터넷에 네이버 같은 단 하나의 입구 대신 갑자기 수십 개의 다른 색상의 문과 창문이 생기고 있는 것이다. 이용자가 즐겨쓰는 앱의 숫자만큼 정보에 대한 수요도 다양해지고, AI 검색은 창문 색상이나 문의 크기에 따라 각각의 맥락에서 최적화된 답변을 제시하고 있다. 따라서 다양한 공간에서 검색되기를 원하는 브랜드와 제품 및 서비스는 다양한 플랫폼의 수만큼 다양한 맥락의 정보를 제공할 필요가 있다.

진화하는 AI 에이전트는 AI 검색과 연결되면서 질문에 대한 답만 제공하는 것이 아니라 이용자가 구매하면 좋을 제품과 서비스에 대한 정보도 함께 공급할 가능성이 높다. 검색과 구매의 규칙이 변화한다면 기업도 그에 맞게 마케팅 전략을 전환해야 할 것이다.

2장

스마트폰 시장의
지각 변동

스마트폰 안의 수많은 앱을
도구로 이용하는 똑똑한 AI 에이전트

AI 검색에 이어 사람들이 스마트폰 앱을 사용하는 습관의 변화에서도 AI 에이전트의 커다란 가능성이 숨어 있다. 애플은 2024년 10월 말부터 미국을 시작으로 아이폰에 '애플 인텔리전스'를 적용하고 있다. 여기서 잠깐 애플 인텔리전스가 가지고 있는 중요한 의미를 살펴보자.

2024년 1월 삼성전자가 갤럭시 S24를 발표하면서 'AI 스마트폰'이 관심을 끌고 있다. S24에는 구글에 제공하는 서클 투 서치Circle to Search 기능이 제공된다. 서클 투 서치는 검색하고 싶은 내용을 스마트폰 화면의 어디든 손가락이나 S펜으로 동그라미를 그려 즉시 찾아볼 수 있도록 하는 기능이다. 나아가 S24는 AI 기반 실시간 통화 번역 기능도 제공한다. 그 외에도 메시지를 작성할 때 문장 스타일 변경, 맞춤법 수정 등을 지원하는 채팅 어시스트가 제공된다.

하지만 갤럭시 S24의 결정적 한계는 AI에 기반한 특정 기능이 선택적으로 추가되었다는 점이다. 다시 말해서 AI가 안드로이드 운영체제[OS]에 통합되어 있지 않다. 반면 애플은 애플 인텔리전스라는 이름으로 운영체제에 AI를 깊숙이 통합시키고 있다. 애플 인텔리전스는 아이폰 메일 앱에서 자동 답장[Smart Reply] 기능, 텍스트 요약 및 재작성 기능 등을 제공하고 있다. 하지만 이 또한 그리 대단한 것은 아니다.

소비자가 체감할 수 있는 애플 인텔리전스의 핵심 가치는 시리[Siri]다. 물론 지금까지 시리, 알렉사, 구글 어시스턴트, 삼성 빅스비 등은 날씨 알려주기, 타이머 설정 같은 매우 간단한 명령만 수행할 수 있었을 뿐이다. 음성 어시스턴트가 미리 프로그래밍된 명령을 따르는 것밖에 할 수 없었으니 소비자들이 이를 멍청하다고 느끼는 것도 무리는 아니었다. 대부분의 사람들이 시리를 매우 제한적으로만 이용했다.

챗GPT 등 거대언어모델에 기반한 챗봇도 마찬가지였다. 챗GPT는 방대한 양의 데이터를 학습한 덕분에 세상에 대해 많은 것을 알고 있지만, 지금까지 이용자를 대신하여 이용자가 원하는 작업을 완료할 방법이 없었다. 이를 보완하는 것이 바로 AI 에이전트다.

AI 에이전트로 재탄생한 시리는 현재는 캘린더, 지도, 메시지, 사파리 등 애플이 직접 제작한 앱을 도구로 사용할 수 있다. 애플이 아닌 외부 기업이 만든 앱의 경우에도 애플이 제공하는 앱 인텐트App Intents 기능이 적용된다면 시리는 외부 앱도 도구로 활용할 수 있다(앱 인텐트에 대한 자세한 설명은 128쪽에서 이어진다). 이 때 시리는 다음과 같은 명령을 실행할 수 있다. "시리야, 엄마가 좋아한다고 말한 피자를 배달의민족에서 주문해서 우리 집으로 배달하고, 내 카카오페이로 결제해 줘."

시리가 이 명령을 실행하기 위해서는 ①엄마가 누군지 알아야 한다. 예를 들어 전화 연락처에서 '엄마'로 표시된 사람을 찾아야 한다. ②그리고 엄마와 나눈 메시지를 분석하여 엄마가 좋아하는 피자 이름을 알아내야 한다. ③이 명령을 요청한 이용자의 주소 및 결제 정보도 알아야 한다. ④시리가 배달의민족 앱에 접근할 수 있어야 한다.

시리가 이러한 이용자 요청을 실현하기 위해서는 첫째, 시리는 고도로 지능적이고 유연해야 한다. 다시 말해 사전에 프로그래밍된 요청만 실행하는 데서 그치지 않고, 챗GPT처럼 거대언어모델을 기반으로 작동해야 한다. 둘째, 외부 앱에 대한 전례 없는 규모의 접근 권한이 필요하다. 스마트폰에 설치된 모든 앱에서 이용자 정보를 가져올 수 있는 접근 권한이 있어야 하며, 나아가 배달의민족 앱 및 카카오페이 앱이 운영체제와 통합되어 시리가 요청한 명령을 수행할 수 있어야 한다. 결과적으로 시리가 AI 에이전트로서 아이폰에 설치된 모든 앱을 도구로 이용할 수 있어야 한다. 이 때 비로소 시리는 혼자 따로 독립적으로 작동하는 앱이 아니라 스마트폰에 설치된 수많은 다른 앱들과 유기적으로 함께 작동하는 AI 에이전트가 될 수 있다.

이를 실현하기 위해 애플은 애플 인텔리전스에서 두 가지 전략을 취하고 있다. 첫 번째, 애플이 제작한 다양한 앱들을 시리와 통합시키기 위해 '페럿Ferret UI'라는 거대언어모델을 개발했다. 페럿 UI는 애플이 제작한 앱의 정보를 읽어 올 수 있다.[14] 유사한 기능을 담당하는 구글의 거대언어모델은 '맥락적 오버레이Contextual Overlay'다. 페럿 UI를 통해 AI 에이전트로 진화한 시리는 "공항에 엄마를 제시간에 모시러 가려면 언제 출발해야 해?"라는 질문에 비로소 제대로 된 답변을 할 수 있다. 시리는 ①'캘린더' 앱에서 엄마가 어떤 항공편으로 언제 어떤 공항에 도착하는지 읽어낸다. 이후 시리는 ②'사파리 브라우저' 앱을 통해 공항을 검색해서 연착 여부를 확인한다. 마지막으로 시리는 ③애플 '지도' 앱에서 현재 위치와 공항까지의 소요 시간을 교통혼잡을 고려하여 계산하고 답변한다. 즉, 시리는 "공항에 엄마를 제시간에 모시러 가려면 언제 출발해야 해?"라는 요청에 최소한 세 개의 앱에서 정보를 읽어 들여야 하고, 페럿 UI 덕분에 이것이 가능해졌다.

애플 인텔리전스의 두 번째 특징은, 애플이 앱 인텐트Intents를 제공하고 있다는 것이다. 앱 인텐트는 2021년 처음 도입된 시스템이다. 아이폰에 설치된 특정 앱, 예를 들어 유튜브나 카카오톡을 살짝 길게 클릭하면, 〈그림3〉처럼 '바로가기' 메뉴가 보여진다. 이 때 이용된 것이 앱 인텐트다.

'바로가기'뿐 아니라 앱 인텐트를 활용하면, 예를 들어 킨들Kindle 앱을 열었을 때 전자책을 읽기 편하게 하기 위해 자동으로 화면 밝기가 낮아지고, 방해 금지 모드가 활성화되며, 음악 재생을 중지할 수 있다. 애플은 2024년 애플 인텔리전스 도입과 함께 앱 인텐트의 기능을 대폭 확대하였다. 그리하여

<그림 3> 애플 앱 인텐트로 구현된 '바로가기' 기능. 유튜브의 '구독', '검색', '쇼츠', 카카오톡의 '알림 받지 않기', '새로운 채팅', '코드스캔' 같은 기능을 확인할 수 있다.

애플 AI 에이전트는 타사 앱에 직접 접근하여 이를 제어할 수 있게 되었다. 물론 여기서 전제될 것은 타사 앱이 먼저 앱 인텐트에 이러한 권리를 승인해야 한다. 그래야만 시리는 "배달의민족에서 주문한 음식이 도착하려면 몇 분 남았어?"라는 질문에 대한 답을 할 수 있다. 이 때 우리는 시리에게 "친구 A 에게 10만 원을 토스를 통해 이체해 줘."를 요청할 수 있다. 이 때 시리는 "12월 3일 광주 가는 KTX 표를 취소해 줘."라 는 부탁을 바로 처리할 수 있게 된다.

페럿 UI가 애플이 직접 제공하는 앱에 우선적으로 작동한 다면, 애플 인텐트는 그 밖에 모든 앱과 시리를 연결시키는 역할을 맡는다. 스마트폰에 설치된 앱들을 도구로 활용하는 AI 에이전트로서의 시리는 이용자의 다양하고 까다로운 요 청들을 실행할 수 있게 될 것이다.

음성 AI 에이전트는
스마트폰 사용 방식을 바꿀 것

시리가 앱 인텐트 권한이 부여된 모든 앱을 제어할 수 있게 된다는 것은 어떤 의미일까? 그렇게 되면 우리가 스마트폰을 사용하는 방식과 습관에 큰 변화가 일어날 수도 있다는 점에 주목해야 한다. 왜냐하면 AI 에이전트로서의 시리는 이용자

입장에서 볼 때 어떤 작업을 수행하는 데 필요한 과정을 단축시켜 주기 때문이다. 예컨대 이용자가 직접 KTX 앱을 찾아 열고, '나의 티켓' 메뉴를 터치하여, 스크롤을 통해 구매 취소하고자 하는 티켓을 찾을 필요가 없다. 음성으로 명령 한마디만 하면 되니까 말이다. 이렇게 중간 단계가 줄어든다는 것은 UI·UX 관점에서 이른바 '마찰Friction'이 줄어든다는 것을 의미한다. 마찰이 준다는 것은 이용자의 불편과 고통이 감소한다는 의미이기 때문에 매우 중요하다. 이를 마다할 이용자는 없다.

결과적으로 AI 에이전트로서 시리는 이용자가 다양한 앱을 이용하는 행위와 습관에 변화를 일으킬 것이다. 바로 여기서 AI 에이전트가 B2C 시장에서 만들어낼 수 있는 부가 가치가 발생한다. AI 스마트폰의 핵심적인 경제 가치는 소비자의 마찰을 줄이는 것에 있다. 그래서 구글도 안드로이드 운영체제와 AI의 통합을 열심히 진행하고 있다. 2025년 새로운 안드로이드 버전은 애플 인텔리전스와 유사한 기능을 선보일 가능성이 높다. 이 때 삼성 갤럭시는 비로소 진정한 AI 스마트폰이라는 평가를 받을 수 있을 것이다.

애플과 구글이 운영체제 수준에서 AI를 통합시키고, AI 에이전트에 기반하여 스마트폰에 설치된 모든 앱의 작동 방식이 변화할 때, 이용자와 스마트폰 사이의 접점은 크게 변화할 수밖에 없다. 이 새로운 접점, 즉 새로운 관문Gateway을 장악하기 위해 애플과 구글은 스마트폰 운영체제에 AI 에이전트를 전면화하고 있는 것이다.

구글은 안드로이드 운영체제와 AI 에이전트의 결합 외에도 독립적인 AI 에이전트도 준비하고 있다. 구글이 새롭게 준비하고 있는 AI 에이전트의 이름은 '아스트라Astra'다. 2024년 5월 구글은 연례 개발자 회의(I/O)를 통해 AI 에이전트 서비스 아스트라 프로토타입을 공개했다. 소비자가 직접 경험할 수 있는 아스트라의 출시 시기는 2025년 상반기다. 구글은 아스트라가 지금까지 출시된 AI 에이전트 중 가장 강력하고 진보된 형태의 AI 비서가 될 것이라고 공언했다.

챗GPT, 클로드, 구글 제미나이 등의 AI 챗봇이 과거 학습 데이터로부터 정보를 받아 확률적 추론 방식으로 이용자의 질문에 답변을 생성한다면, 구글의 아스트라는 여기에 더해 추론, 계획, 기억 능력을 갖추고 여러 단계를 거쳐 작업을 수행할 수 있는 AI 에이전트이다. 구글 딥마인드 대표 데미스 하사비스Demis Hassabis는 구글 I/O에서 다음과 같은 말로 아스트라를 설명했다. "우리 인간은 매 순간 다양한 감각 정보를 처리하고 이를 이해하여 결정을 내립니다. 우리가 하는 일을 보고 들을 수 있고, 우리가 처한 상황을 더 잘 이해하며, 대화에 빠르게 대응하여 상호 작용의 속도와 품질을 훨씬 더 자연스럽게 만들어주는 에이전트를 상상해 보세요."[15]

아스트라 데모 영상에는 이용자가 스마트폰 카메라로 창밖을 보여주며 "여기가 어디야?"라고 묻자, 아스트라가 "구글 딥마인드 본사가 있는 런던의 킹스크로스"라고 답하는 모습이 담겼다. 또한 아스트라는 대화 초기에 안경을 착용한 사람의 모습을 기억하고, 이후 그 사람의 안경이 책상 위에 놓여 있다는 사실도 지적했다. 아스트라는 음성, 텍스트, 영상 등 여러 유형의 입력 정보를 실시간으로 처리하면서 이용자가 질문하는 모든 것에 답할 수 있다고 한다.

구글은 제미나이의 입력 토큰 수를 계속해서 증가시키고 있다. 이로써 AI 에이전트 아스트라의 기억Memory 능력이 계속 향상되고 있다. 구글 아스트라는 점점 더 이용자를 잘 알게 되고, 그래서 이용자를 위해 더 많은 일을 할 수 있게 될 것이다. 이렇게 AI 에이전트는 수행할 수 있는 작업과 영역을 넓혀 가며 계속 진화하고 있다.

3장

AI 프로그래밍
에이전트 혁명

스마트폰의 새로운 관문이 될 음성 AI 에이전트 그리고 AI 검색이 B2C 시장을 흔드는 혁신이라면, B2B 시장을 공략하는 AI 에이전트의 첫 번째 교두보는 기업용 소프트웨어 시장이다. 거대언어모델에 기반한 AI 에이전트는 소프트웨어 프로그래밍 혁명으로 이어지고 있다.

카카오페이와 유사한 서비스를 제공하는 유럽의 핀테크 기업 클라나Klarna는 2024년 9월 클라우드 기반 기업용 소프트웨어 서비스인 세일즈포스Salesforce 및 워크데이Workday와 작별을 선언했다.[16] 세일즈포스와 워크데이는 회계, 구매, 인사 등 기업의 비즈니스 프로세스를 자동화하는 다양한 소프트웨어 솔루션을 클라우드 서비스SaaS로 제공하는 대표 주자다. 대다수 기업은 비즈니스 소프트웨어를 직접 개발하지 않고 기성복처럼 외부의 클라우드 서비스를 이용함으로써 비용을 절약하고 기업 본연의 업무에 더욱 집중할 수 있다.

그런데 간편 결제 서비스를 제공하는 클라나는 어떤 이유로 세일즈포스 및 워크데이의 비즈니스 솔루션을 쓰지 않겠다는 것일까? 이유는 명확하다. AI 프로그래밍 에이전트로 자사에 필요한 다양한 비즈니스 솔루션을 맞춤옷처럼 직접 제작하겠다는 뜻이다. 회계, 구매, 인사 등에 필요한 자사 맞춤형 솔루션을 직접 제작하는 일은 큰 비용이 들기 마련이지만, 클라나는 이 비용 문제를 AI 프로그래밍 에이전트로 해결할 수 있다고 판단한 것이다. 옛날 같았으면 클라나는 간편 결제 서비스 개발에만 집중하고, 회계, 구매, 인사 등의 다른 비즈니스 솔루션은 외부 전문 기업에 맡기는 것이 합리적인 선택이었다. 그러나 이제는 아니다. AI 프로그래밍 에이전트는 전통적인 소프트웨어 분업 생태계를 파괴할 거대한 잠재력을 갖고 있다.

웹 브라우저에서 직접 코딩할 수 있는 플랫폼을 제공하는 기업 리플릿Replit을 예로 들어 보자. 이들이 새롭게 개발한 리플릿 에이전트Replit Agent[17]는 AI와 프로그래밍을 결합한 야심 찬 프로젝트를 내세웠다. 개별 기업들이 리플릿 에이전트를 이용하여 필요한 비즈니스 솔루션을 저렴한 비용으로 직접 제작한다면 세일즈포스 등 기업용 소프트웨어 기업의 설 자리는 점차 좁아질 수밖에 없다. 쉽게 비유하면, 세일즈포스가 기성복을 대량 생산하여 저렴하게 제공한다면, AI 프로그래밍 에이전트는 개별 기업이 더 저렴하게 맞춤형 옷을 생산할 수 있게 한 것이다.

GPT, 클로드, 제미나이 등 생성 AI 챗봇도 소프트웨어 코드를 생성할 수 있다. 그런데 (아직은) 딱 거기까지다. 반면, 리플릿 에이전트는 코드 생성을 넘어 웹 브라우저에서 바로 사용할 수 있는 클라우드 기반 개발 환경을 제공한다. 이 서비스는 50여 개의 프로그래밍 언어를 지원하며, 여러 개의 모듈(함수, 클래스, 변수 등)을 하나의 단위로 묶어 패키지로 제공한다. 리플릿 에이전트는 필요한 파일을 생성하고, 데이터베이스를 구축하고, API 키를 요청 및 연결하는 등 인간 개발자가 수행해야 하는 연관 프로그래밍 단계를 실행한다. 리플릿 에이전트에서 생성된 다양한 애플리케이션은 리플릿이 제공하는 웹 호스팅을 통해 바로 기업에서 사용할 수 있다. 한마디로, 웹 애플리케이션의 경우 실제 프로그래밍뿐 아니라 모든 추가 단계를 리플릿 에이전트가 대신해주는 것이다.

리플릿 에이전트 외에도 다양한 AI 프로그래밍 에이전트가 시장에 등장하고 있다. 심지어 세일즈포스 또한 고객사 이탈을 우려하며 에이전트포스AgentForce[18]라는 AI 프로그래밍 에이전트를 선보이고 있다. 이 외에도 커서 컴포저Cursor Composer[19]가 초기 AI 프로그래밍 에이전트 시장에서 두각을 보이고 있다.

프로그래밍과 AI 에이전트의 결합은 아직 비교적 새로운 기술이다. 그 시작은 리플릿, 커서가 아니라 2022년 유료 서비스를 시작한 깃허브 코파일럿Github Copilot[20]이었다. 깃허브 코파일럿은 AI 프로그래밍 에이전트는 아니지만 시장에서 최초로 성공한 AI 프로그래밍 지원 서비스이다. 2024년 9월 발표된 연구 논문[21]에 따르면 깃허브 코파일럿 등 AI 프로그래밍 도구는 소프트웨어 개발자의 생산성을 26.08퍼센트 증가시켰다. 이 생산성 향상 수치는 논문 연구진이 세 개의 기업에서 일하고 있는 개발자 약 5,000명의 업무 결과물을 2년 동안 관찰하여 얻은 결과다.
AI 프로그래밍 도구가 프로그래밍 생산성을 향상시킨다는 결론은 이 논문뿐만 아니라 맥킨지 연구[22]에서도 언급되었다. 맥킨지 연구 보고서는 소프트웨어 프로그래밍 생산성이 최대 50퍼센트까지 올랐다고 평가했다. 나아가 깃허브의 자체 조사[23]에 따르면, 2023년 6월 기준 미국 내 전체 개발자 중 92퍼센트가 AI 프로그래밍 도구를 이용하고 있다. 아울러 개발자 중 70퍼센트는 AI 프로그래밍 도구의 이점으로 코드 품질 향상이나 개발 시간 단축 등을 꼽았다.

그러나 2023년 2월 발표된 깃허브 코파일럿 효과에 대한 또 다른 연구 논문[24]은 AI 프로그래밍 도구를 이용하는 것에 한 가지 명확한 위험이 존재한다고 밝혔다. AI 프로그래밍 도구는 코드를 매우 쉽고 빠르게 생성할 수 있기 때문에 품질이 낮은 코드를 많이 생성하는 경향이 있다는 것이다. 또한 앞선 연구들의 프로그래밍 생산성 기준은 바로 이용할 수 있는 수준의 품질을 가진 코드의 양이 아니라 생산된 코드 줄 수 자체였다. 따라서 코드 수 증가로 프로그래밍 생산성 향상을 논하는 것은 과도한 해석이라는 입장이다.

그럼에도 AI 프로그래밍 도구 덕분에 소프트웨어 개발 접근성이 높아지고 있다는 점, 다시 말해서 소프트웨어 개발 문턱이 낮아지고 있다는 것만은 분명히 긍정적인 효과다. 마치 신문사의 윤전기가 신문 시장의 진입 장벽으로 기능하다가 월드와이드웹이 이를 해체한 것처럼, 또 고가의 영상 촬영 및 편집 도구가 유튜브 생태계의 초기 진입을 제한하다 각종 도구들의 대중화로 유튜브가 폭발적으로 성장한 것처럼, 단순 코드만 생성했던 AI 프로그래밍 도구가 이제는 AI 프로그래밍 에이전트를 통해 실제 이용 가능한 소프트웨어 생산으로 게임체인저 역할을 하고 있다.

더 쉽고 더 저렴하게
소프트웨어를 개발할 수 있다

AI 프로그래밍 에이전트는 AI 혁명의 촉매제 역할을 할 수 있다. 앞으로는 절대 다수 기업이 직접 값비싼 고성능 칩을 구매할 필요도 없고, 거대언어모델을 구현할 이유도 없어질 것이다. 거대언어모델과 클라우드 기반 위에서 작동하는 AI 프로그래밍 에이전트를 통해 자사에 필요한 비즈니스 솔루션을 보다 저렴한 비용으로 생산하고 운영함으로써 기업은 비용 절감 효과를 누릴 수 있기 때문이다.

물론 이제 초기 단계를 지나고 있는 AI 프로그래밍 에이전트가 기업용 소프트웨어 시장 전체를 전복시킨다는 것은 아니다. 예를 들어 맞춤형 커머스 서비스 쇼피파이는 2024년 기준 8,000개 이상[25]의 독립된 기능을 플러그인Plugin 형식으로 제공한다. 일반적으로 어떤 판매 기업이 쇼피파이와 이에 속한 수많은 플러그인을 이용하여 자신들의 판매 사이트를 구축하는 것은 쉬운 일이 아니다. 플러그인을 판매 사이트 요구에 맞게 지정할 수 있는 지식을 갖춘 전문 기업이나 개발자의 도움이 필요하다. 이러한 작업을 프로그래밍 커스터마이징이라 부른다. AI 프로그래밍 에이전트는 이러한 커스터마이징이 더욱 쉽게 구현될 수 있다는 것을 의미한다. AI 프로그래밍 에이전트는 8,000개가 넘는 플러그인이라는 도구를 이용하여 판매 사이트가 요구하는 최소의 기능 조합을 구현할 수 있기 때문이다. 판매 기업은 쇼피파이와 플러그인을 이용하여 이전보다 더 쉽고 빠르게 그리고 더 저렴하게 판매 사이트를 구축할 수 있게 된다.

이 같은 원리는 기업용 소프트웨어를 수많은 플러그인 형식으로 제공하는 세일즈포스에도 적용된다. 컨설팅과 전문 개발자 없이 세일즈포스를 이용하기란 쉽지 않다. 세일즈포스, 쇼피파이 또는 워드프레스와 같은 플러그인 아키텍처를 갖춘 대규모 소프트웨어 시스템은 앞으로 몇 년 안에 전용 AI 프로그래밍 에이전트를 제공할 가능성이 높다. 이 때 비로소 개별 기업이 쇼피파이, 세일즈포스 등을 이용하는 문턱이 낮아질 수 있다.

깃허브는 자사 AI 프로그래밍 도구를 부조종사Copilot라고 부른다. 여기서 AI는 코드를 제안하거나 코드를 완성하는 보조자에 불과하기 때문이다. 이에 반해 리플릿 에이전트는 AI 프로그래밍 도구를 에이전트라고 부르고 있다. 리플릿 에이전트의 현 수준을 고려하면 이 명칭은 다소 과한 자만심의 표현으로 보일 수 있지만, 어쩌면 앞으로 어떤 일이 펼쳐질지 예고하는 중요한 신호일 수도 있다.

AI 에이전트는 챗봇이나 부조종사가 아니다. 이 책 1부 6장에 소개한 사례처럼 8세 소녀가 3분 만에 단어 게임을 완성했다는 사실은 중요하지 않다. 중요한 것은 비전문가가 아닌 개발 전문가가 단 며칠 또는 몇 주를 투자할 때 AI 프로그래밍 에이전트로 무엇을 해낼 수 있는가 하는 점이다. 그 결과, 다양한 수준에서 소프트웨어 개발 비용을 얼마나 크게 절감할 수 있는가가 중요하다는 말이다.

1년 후 또는 3년 후 AI 프로그래밍 에이전트는 어떤 모습을 띠고 있을까? AI 프로그래밍 에이전트의 품질과 성능은 얼마나 개선될 수 있을까? 이 질문에 대한 긍정적인 해답의 실마리를 2024년 9월 발표된 오픈AI의 o1에서 찾을 수 있다(1부 5장 참조). o1은 복잡한 소프트웨어 프로그래밍을 완성할 수 있는 능력을 크게 향상시키는 결정적 역할을 했기 때문이다.

AI
AGENT
ERA

**"오늘날 모든 기업이 이메일 주소와 웹사이트,
소셜 미디어를 가지고 있는 것처럼,
가까운 미래에는 모든 기업이 고객과 소통할 수 있는
AI 에이전트를 보유하게 될 것이다."**

_마크 저커버그, 메타 CEO

3부

AI 에이전트가 여는
새로운 비즈니스 기회

2024년 10월 메타의 CEO 마크 저커버그는 "오늘날 모든 기업이 이메일 주소와 웹사이트, 소셜 미디어를 가지고 있는 것처럼 가까운 미래에는 모든 기업이 고객과 대화할 수 있는 AI 에이전트를 보유하게 될 것"[1]이라며, 앞으로 탄생할 "수억, 수십억 개의 소규모 비즈니스 AI 에이전트"의 경제 효과를 언급했다. AI 에이전트는 대기업이나 빅테크 기업의 전유물이 아니라, 크고 작은 모든 기업이 갖춰야 할 보편적인 비즈니스 도구임을 강조한 것이다. AI 에이전트는 시장 조사, 영업 판매, 고객 지원 등 기업의 모든 활동에서 사용될 것이기 때문이다.

1부에서 살펴본 것처럼 AI 에이전트는 월드와이드웹이나 소셜 미디어는 물론 기업 내부 데이터 등의 다양한 도구를 사용하고, 이를 통해 수집된 데이터를 정리하고 분석하며, 수준

높은 추론 기술로 기업의 목표를 달성하기 위한 작업을 자율적으로 수행하는 소프트웨어 프로그램이다. 그뿐 아니라, 실시간 고객 피드백 및 시장의 새로운 정보를 기반으로 작업을 조정할 수도 있다. 목표는 인간이 설정하지만, AI 에이전트는 그 목표를 달성하기 위한 최선의 작업을 독립적으로 선택하여 수행한다. 이러한 활동은 지금까지 존재했던 공장 자동화나 사무 자동화의 수준을 뛰어넘는 것이다.

의류 중소기업을 가정해 보자. 이 기업도 시장 경쟁력을 갖추기 위해 여느 대기업처럼 날마다 인스타그램, 틱톡, 유튜브, 경쟁사 웹사이트, 인기 해시태그 등을 모니터링하며 트렌드를 파악하는 업무를 진행해야 한다. AI 에이전트는 이러한 복잡한 분석 업무를 인간을 대신하여 효과적으로 처리해줄 수 있다. 경쟁사 활동과 소셜 미디어 트렌드를 빠르고 정확하게 분석하는 것은 물론, 이를 매출 데이터와 연결하여 수요가 많을 것으로 예측되는 신제품 아이디어를 제안할 수도 있다. 또한 이 신제품이 판매되는 현황을 실시간으로 추적할 수 있으며, 경쟁 제품의 가격 변화에 즉각적으로 대응하여 가격을 내리거나 올리는 등의 제안을 할 수도 있다.

AI 에이전트는 이 의류 기업의 운영 개선에도 기여할 수 있다. 공급망 문제 최적화, 제조 공정의 기술 결함 진단, 가장 효과적인 마케팅 전략 파악 등 문제 해결에 탁월한 능력을 발휘하기 때문이다. 물류는 제조기업의 가장 큰 고충 중 하나다. 공급망 중단은 상당한 생산 지연과 생산 비용 증가를 초래하고 고객은 배송 지연으로 불만이 쌓일 수 있다. 이럴 때 AI 에이전트는 공급망 데이터를 분석하여 잠재적인 병목 현상을 파악하고 전체 프로세스를 간소화할 수 있는 최적화를 진행한다. 예를 들어 AI 에이전트가 대체 공급업체나 더 효율적인 배송 경로를 파악해줌으로써 대기업처럼 방대한 자원 없이도 문제를 해결할 수 있는 것이다.

이렇게 AI 에이전트는 중소기업의 경쟁력을 적은 비용으로 크게 끌어올릴 수 있는 가능성을 가지고 있다. 이러한 배경에서 마크 저커버그는 모든 중소기업이 AI 에이전트를 이메일 주소처럼 보편적으로 갖추어야 할 비즈니스 도구라고 주장한 것이다.

2부에서 살펴본 것처럼 AI 에이전트는 AI 검색 시장, 스마트폰 앱 시장, 기업 소프트웨어 시장 등 대규모 시장 변화를 예고하고 있다. 여기에 더해, AI 에이전트는 규모를 막론하고 모든 개별 기업들이 갖춰야 할 비즈니스 경쟁력의 출발점이라는 것을 3부에서는 설명할 것이다. 아울러 AI 에이전트를 도입할 때 주의해야 할 사항과 과제도 함께 살펴본다.

유념하자. 기업의 모든 업무에 AI 에이전트를 갖추는 것은 이제 더 이상 선택 사항이 아니다.

1장

아마존이 꿈꾸는
쇼핑 AI 에이전트

이커머스 서비스 기업으로서 아마존은 다양한 AI 에이전트 기반 AI 서비스를 도입하고 있는 대표적인 기업이다. 아마존 은 언젠가 AI 에이전트가 고객이 묻지 않아도 알아서 필요한 제품을 구매할 수 있을 만큼 똑똑해질 수 있다고 말한다.[2]

아마존이 박차를 가하고 있는 자율 AI 에이전트 연구 개발 의 첫 번째 사례는 2024년 2월 도입된 AI 쇼핑 비서 루퍼스 Rufus이다. 현재 아마존 웹사이트나 모바일 앱에서 루퍼스를 이용할 수 있다. 루퍼스는 상품 추천부터 주문 상태에 대한 간단한 질문, 반품 및 환불 같은 좀 더 까다로운 문제까지 광 범위한 고객의 질문을 정확하게 이해하여 고객이 요청한 일 을 처리할 수 있다. 루퍼스는 고객 리뷰 분석은 물론, 이용자 의 구매 결정에 도움을 주기 위해 필요하다면 외부 전문가의 평가까지 소개한다.

여기서 중요한 점은 루퍼스가 챗봇의 형식을 띠고 있지만 정확히는 아마존이 개발한 거대언어모델이라는 점이다. 루퍼스 거대언어모델은 공개 웹사이트 같은 방대한 양의 인터넷 텍스트를 학습한 다음, 아마존이 가지고 있는 이용자 리뷰 및 평가라는 독점 데이터를 엄선하여, 다시 이를 커머스 중심 모델로 미세 조정했다.

아마존 부사장 트리슐 칠림비Trishul Chilimbi는 루퍼스의 매개변수가 수천억 개에 달하고 있다고 설명한다.[3] 매개변수 또는 파라미터 수는 거대언어모델의 기능을 설명하는 가장 일반적인 척도다. 칠림비 부사장은 루퍼스가 지금보다 더 큰 매개변수를 가진 모델로 진화하고 있다고 말했지만, 아직까지 그 규모가 얼마나 큰지 또는 어떤 기능을 기대할 수 있는지는 설명하지 않았다. 그러나 아마존이 분명하게 밝힌 점은, 거대언어모델 루퍼스는 무언가를 생성하는 '생성 AI'로서 기능하기보다는, 아마존이 계속 발전시켜 갈 쇼핑 AI 에이전트의 기초 모델이라는 점이다.

AI 쇼핑 비서 루퍼스는 추천한 제품이 가격 외에도 다른 제품 대비 어떤 차별점을 갖고 있는지도 설명해준다. 예를 들어 고객이 "실내 정원을 만들고 싶어."라고 요청하면, 루퍼스는 이를 위해 무엇무엇을 구매해야 하는지 제안하고, 실내 정원을 만들 때 조심해야 할 사항들을 함께 설명한다. 루퍼스는 이용자가 익숙하지 않은 새로운 제품을 구매할 때 특히 도움이 된다. 캠핑을 한 번도 경험해 보지 못한 사람이 캠핑 용품을 구매할 때 필요한 제품은 무엇인지, 그 각각의 물건은 어떤 기능을 갖고 있는지 등을 설명해줌으로써 어렵고 다양한 선택지를 이해하는 데 도움을 줄 수 있다.

아마존은 앞으로 고객이 "예산"을 알려주고 나서 "다음 주말에 캠핑을 가. 필요한 모든 것을 사 줘."라고 요청하면, 루퍼스가 쇼핑 AI 에이전트로서 고객에게 필요한 물건들을 스스로 결정한 다음 구매까지 하여 고객의 집으로 배송해주는 수준으로 발전할 것이라고 자신하고 있다.

아울러 아마존은 소비자를 위한 AI뿐 아니라 판매자^{Seller}의 비즈니스 성장을 돕는 AI 비서 아멜리아^{Amelia}도 2024년 9월 출시했다. 판매자는 아멜리아를 통해 판매 데이터 및 고객 트래픽 정보를 검색할 수 있으며, 아멜리아에게 "지금 내 비즈니스가 잘되고 있어?"와 같은 질문도 할 수 있다. 이 질문에 아멜리아는 최근 매출, 판매량, 웹사이트 트래픽 등의 지표를 작년의 같은 시기와 비교하여 요약한 정보를 제공한다. 아멜리아의 역할은 이런 정보 제공에 그치지 않는다. 광고 세팅 조절, 상세페이지 제작 조언 등 다양한 문제 해결을 위한 제안도 잊지 않는다.

아멜리아는 마케팅이나 고객 서비스를 개선할 뿐만 아니라 제품 혁신에도 기여할 수 있다. 예컨대 소비자 및 시장 트렌드를 분석하여 판매자에게 정기적으로 상품 개선 리포트를 제출할 수 있다.

나아가 아마존은 아멜리아의 기능을 가까운 시일 내에 판매자의 세금 신고서를 작성해주는 수준까지 확대할 것이라고 발표했다.[4] 판매자의 회계 처리 및 세금 신고와 같은 작업은 단순한 질문에 대한 답변을 넘어서는 높은 수준의 정확도와 신뢰성을 필요로 한다.

위와 같은 능력을 발휘하면서 아멜리아는 판매자가 매일 일상적으로 반복해야 했던 수많은 작업을 자동화할 수 있다. 따라서 아멜리아 AI 에이전트로부터 가장 큰 이득을 볼 수 있는 곳은 다양한 조직 구성원을 갖추고 있는 대형 판매자라

<그림 1> 아마존 루퍼스 이용 화면 (출처: 아마존[5])

기보다는 오히려 중소 규모의 판매자라고 할 수 있다. 이들은 아멜리아를 통해 마케팅 에이전시 비용을 크게 줄일 수 있고, 매우 낮은 비용으로 기존 제품 개선 및 신제품 개발 아이디어를 얻을 수 있으며, 나아가 회계 및 세금 업무를 처리할 수 있기 때문이다. 이러한 방식으로 AI 에이전트는 중소기업에게 강력한 시장 경쟁력을 부여한다.

아마존의 쇼핑 AI 에이전트는 기존의 검색과 쇼핑의 경계를 뒤집어놓을 수 있다. 유튜브, 블로그 등의 외부 웹사이트와 고객 질문, 고객 리뷰, 이용자 구매습관 등의 아마존 내부 데이터를 함께 학습한 쇼핑 에이전트는 고객 서비스의 판도를 바꿀 수 있는 잠재력을 가지고 있기 때문이다. 이용자가 아마존 루퍼스를 자주 이용하면 할수록 이제 이용자는 외부 블로그나 유튜브 영상을 직접 찾아보지 않게 될 가능성이 크다. 그리고 이러한 고객 행동의 변화는 기업의 마케팅 관행에도 변화를 요구하게 될 것이다.

2장

메타가 꿈꾸는
마케팅 AI 에이전트

2024년 10월 1일 오픈AI는 개발자 행사에서 흥미로운 시연을 하나 보여주었다. AI 음성 기능으로 배달 서비스를 호출하여 행사 참석자들을 위해 초콜릿으로 덮인 딸기 케이크 400개를 주문했다.[6] 이 때 오픈AI는 배달 주문뿐 아니라 결제까지 AI를 통해 진행했다.

이 행사에서 오픈AI 대표 샘 올트먼은 "2025년은 AI 에이전트가 마침내 주류가 되는 해"가 될 것이라고 말했다. 여기서 우리가 던질 수 있는 질문은 "과연 AI 에이전트의 혜택은 누가 가장 크게 누릴 수 있을까?"이다. 당연히 첫 번째는 AI 에이전트를 다양한 서비스로 제공하는 기업이 될 것이다. 여기에는 오픈AI, 구글, 메타, 아마존 등 거대언어모델에 투자한 기업이 속할 것이고, 그 밖에도 뒤이어 5장에서 소개할 다양한 AI 서비스 기업들이 AI 에이전트 경제에서 큰 이익을 취할 것이다.

그리고 AI 에이전트 혜택의 두 번째 주인공은 바로 중소기업이다. 이것이 기업 메타가 추구하는 AI 에이전트의 목표이기도 하다. 마크 저커버그는 2024년 7월, 2분기 실적 발표 자리에서 AI 에이전트의 비전을 제시하였다. 이 때 중소기업이 얻을 수 있는 AI 에이전트의 가치를 다음과 같이 설명했다.[7]

"중소기업 광고주들은 과거에 특정 타깃 그룹을 가지고 우리(메타)에게 오곤 했다. 연령대나 거주지, 관심사에 따라 필터링된 그룹이었다. 하지만 오늘날 그들이 해야 할 일은 광고 소재를 만드는 것뿐이다. 그리고 앞으로는 AI가 광고까지 직접 만들어서 매우 개인화된 방식으로 그 광고를 잠재 고객에게 전달하게 될 것이다. 장기적으로 중소기업 광고주들은 단순히 비즈니스 목표와 예산만 우리(메타)에게 제시해주면, 나머지는 우리가 AI 에이전트로 모두 처리할 수 있게 될 것이다."

저커버그가 밝힌 광고주를 위한 AI 에이전트의 역할과 기능은 정확히 AI가 마케팅에 미치는 단계별 영향을 그대로 설명해준 셈이다.

세계 최대 마케팅 에이전시 중 하나인 WPP의 대표 마크 리드Mark Read는 2023년 2월 AI가 마케팅에 매우 근본적인 변화를 일으킬 것이라고 전망[8]했다. 그러나 이 때 마크 리드의 전망에는 AI 에이전트의 구체적인 역할이 빠져 있었다. 그는 AI가 이미지, 동영상 등의 광고 제작에 큰 비용 절감 효과를 가져올 것이라는 정도만 언급했다.

생성 AI가 광고 타깃에 적합한 다양한 광고 소재를 빠르게 만들어내는 것은 AI가 마케팅에 미치는 1단계 효과에 해당한다. 메타의 경우 이를 위해 2024년 5월 '어드밴티지+ 크리에이티브 Advantage+ Creative'[9] 서비스를 시작했다. 광고주가 광고 이미지를 업로드하면 어드밴티지+ 크리에이티브는 타깃 그룹별로 각각 광고 소재와 광고 문구를 생성한다. 틱톡 또한 이와 유사한 AI 서비스 '틱톡 크리에이티브 어시스턴트'[10]를 2024년 2월 출시한 바 있다.

메타는 나아가 2024년 9월 이미지를 업로드하면 릴스 광고를 제작해주는 '이미지 확장 Image Expansion'이라는 기능을 추가했다. 이를 통해 광고주들은 동영상 제작 비용을 절약할 수 있게 되었다. 메타는 특히 소규모 기업에서 이 기능에 대한 요청이 많았다고 밝혔다. 24년 9월 한 달 동안 1백만 명 이상의 광고주가 이 AI 도구를 활용하여 1,500만 개 이상의 광고를 제작했다.[11] 메타는 어드밴티지+ 크리에이티브를 사용한 광고 캠페인은 해당 기능을 사용하지 않은 캠페인에 비해 평균적으로 클릭율 11퍼센트, 전환율 7.6퍼센트가 더 높았다고 주장한다.[12] 외부의 비싼 마케팅 에이전시를 이용할 수 없는 중소기업에게 AI 광고 제작 서비스는 작지 않은 경제적 가치가 있다.

AI가 마케팅에 미치는 두 번째 효과는 AI 에이전트가 광고 효율을 높여 준다는 것이다. 이제 AI 에이전트가 직접광고를 어디에 어떻게 게재할지를 결정하기 시작했다. 이를 위해 메타는 2024년 9월부터 '어드밴티지+ 캠페인Advantage+ Campaigns'[13]이라는 AI 에이전트 서비스를 제공하고 있다. 메타뿐 아니라 구글도 '퍼포먼스 맥스 캠페인Performance Max Campaigns'[14]을, 틱톡은 '동영상 쇼핑 광고Video Shopping Ads'[15]라는 메타와 유사한 광고 AI 에이전트 서비스를 제공하고 있다.

이 AI 마케팅 에이전트를 통해 광고주는 더 높은 광고 효율성과 더 나은 투자 수익률ROI을 약속 받게 되었다. 메타, 구글, 틱톡이 제공하는 AI 캠페인 서비스는 광고를 언제 누구에게 인스타그램 및 릴스, 페이스북 스토리, 피드 게시물 등 어떻게 제공할지를 결정한다. 또는 유튜브, 구글 검색 및 지메일에 표시할지 여부를 결정한다. 이 과정에서 AI 에이전트는 광고 예산과 전환율을 고려하여 광고를 자동으로 제공한다. 그리고 동시에 광고 캠페인의 성과를 항상 모니터링하면서 그 효과를 극대화하기 위해 지속적으로 최적화하는 작업을 실행한다.

이러한 AI 에이전트는 경험이 풍부한 전문 마케터에게 도움이 되기보다는 경험이 적은 마케터에게 훨씬 더 효과적으로 활용될 것이다. 또는 외부의 전문 마케팅 에이전시의 도움 없이 혼자나 소수의 인원으로 마케팅을 진행해야 하는 중소기업에게 더 유리하다.

현재 메타는 구글 애널리틱스Google Analytics 데이터 및 기타 데이터를 메타 '어드밴티지+'에 연결하고 있다. 가까운 시일 내에 어도비 애널리틱스Adobe Analytics도 어드밴티지+에 통합될 예정이다. 이렇게 외부 분석 도구들이 메타 AI 마케팅 에이전트에 결합되면서 메타 AI는 폭넓은 학습 데이터를 확보할 수 있고, 결과적으로 광고 캠페인의 효과도 점점 더 높아질 것이다.

이렇게 AI는 인간을 대신하여 광고를 제작해주는 것을 넘어 그 광고의 효율을 높이고 잘 운영해주는 업무까지 맡아주고 있다. 쉽게 말해서 AI 에이전트가 퍼포먼스 마케팅 업무를 맡는 모양새다. 다시 한번 강조하지만, 이는 마케팅에 많은 예산을 투자하기 어려운 중소기업에게 큰 도움이 될 수 있다.

마케팅 업무에서 도구를 잘 다루는 것은 중요하지만, 그 자체가 목적은 아니다. 다양한 마케팅 도구(소프트웨어)의 자리를 AI 에이전트가 점점 더 대체할 것이기 때문이다. 인간 마케터는 앞으로 도구를 뛰어넘는 무기를 고민해야 할 것이다.

3장

마이크로소프트가 꿈꾸는
업무 자동화 AI 에이전트

마이크로소프트는 2024년 10월 21일 기업의 다양한 업무를 자율적으로 진행할 수 있는 두 개의 AI 자율 에이전트 서비스를 선보였다. 이 서비스를 통해 직원 누구나 자신의 업무를 대신해줄 이른바 'AI 직원'을 도입할 수 있게 될 것이다. 마이크로소프트는 업무 AI 에이전트가 지금까지 인간이 담당해온 복잡한 작업을 대신 알아서 수행해줌으로써 인간 직원은 보다 중요한 작업에 집중할 수 있게 될 것이라며, 일하는 방식에 일대 변화를 예고했다.

마이크로소프트가 첫 번째로 선보인 것은 다이내믹스Dynamics 365에서 작동하는 10개의 자율 AI 에이전트다. 다이내믹스 365는 클라우드 기반 기업용 애플리케이션 플랫폼이다. 여기에는 고객관리CRM, 기업자원관리ERP 기능이 포함되며, 판매, 마케팅, 운영, 재무, 고객 서비스, 인적자원관리 등과 관련한 다양한 애플리케이션이 제공된다.

예를 들어 기업은 다이내믹스 365에 도입된 자율 AI 에이전트인 '공급업체 커뮤니케이션 에이전트'를 통해 복잡한 공급망을 자동으로 관리할 수 있게 된다. 이 에이전트는 공급업체의 성과를 자율적으로 추적하고 다양한 지연 또는 중단을 감지하여 그에 맞는 대응을 함으로써 기업이 공급망을 최적화하도록 지원한다. 또한 기업 조달팀이 시간이 많이 소요되던 수동 모니터링 작업과 잠재적 문제를 처리하는 업무로부터 벗어날 수 있게 해준다. 특히 공급업체 역시 유사한 '커뮤니케이션 에이전트'를 이용할 경우, 양쪽의 AI 에이전트끼리 직접 대화도 가능하다. 이 같은 새로운 시도로 마이크로소프트는 기업이 업무를 간소화하고 불필요한 비용을 절감할 수 있도록 돕고자 한다.

두 번째로 선보인 AI 에이전트 도구는 코파일럿 스튜디오 Copilot Studio [16]이다. 이것은 프로그래밍 지식 없이도 우리가 사용하는 일상 언어로 손쉽게 다양한 업무를 지원해줄 AI 에이전트를 만들 수 있게 해주는 이른바 에이전트 빌더 Agent Builder 또는 에이전트 제작 도구이다. 기업은 다이내믹스 365에 사전에 구축된 AI 에이전트를 사용할 수 있을 뿐만 아니라, 코파일럿 스튜디오를 통해 코딩 지식 없이도 자체적으로 AI 에이전트를 만들 수 있게 되는 것이다.

여기서 마이크로소프트가 제시한 사례 중 하나는 컨설팅 기업 맥킨지다. 맥킨지는 날마다 셀 수 없이 많은 잠재 고객들로부터 문의 메일을 받고 있다. 지금까지는 맥킨지의 직원들이 고객 문의 내용을 분석하여, 내부의 적합한 전문 부서로 해당 이메일을 전달했다. 그런데 이제는 코파일럿 스튜디오를 통해 이 업무를 자동화하는 AI 에이전트를 만들었다. 이 에이전트는 이메일 내용을 분석하는 과정에서 메일 작성자의 모호한 언어 표현을 제거하고, 업계 표준 용어로 이메일을 다시 작성한다. 그리고 이를 맥킨지 내부의 전문지식 데이터베이스와 비교하여 사내에서 적합한 담당자를 찾아내어, 잘 요약하고 정리한 이메일을 전달해준다.

수백 수천 건의 고객 문의를 일일이 처리해야 했던 인간의 업무를 AI 에이전트가 대신함으로써 맥킨지 영업 담당자는 이제 거래 성사에 더 집중할 수 있게 되었다. 맥킨지는 이 고객 문의 자동 전달 에이전트를 통해 관련 업무 시간의 90퍼

센트를 절약할 수 있게 되었고, 이 업무와 관련한 간접 비용을 30퍼센트 아낄 수 있었다고 전했다.[17]

이 'AI 직원'을 만든 맥킨지의 인간 직원은 어려운 프로그래밍 언어를 사용하지 않고 자연어로 이 일을 가능하게 했다. 옆자리 동료에게 이 작업을 어떻게 처리해야 하는지 말로 설명하는 것과 같은 방식으로 말이다. 이렇게 탄생한 AI 직원은 24시간 연중무휴 새로운 이메일이 도착할 때마다 즉시 작업을 수행한다.

그렇다고 AI 직원이 업무를 처리하는 과정에서 인간의 도움이 아예 필요 없는 것은 아니다. 예를 들어 인간 직원은 AI 직원의 업무를 모니터링하고 분석하는 역할을 맡는다. 또는 돌발 상황이 발생할 때, 예컨대 고객 문의에 응답해줄 적합한 담당자를 찾았지만 그 담당자가 최근 회사를 그만뒀을 경우 AI 직원이 이를 어떻게 처리해야 할지를 인간 직원에게 문의할 수도 있다. 이 때 인간 직원이 이용하고 있는 마이크로소프트 AI 챗봇 코파일럿에 알림이 전달된다. 그러면 인간 직원은 해당 이메일을 담당할 새로운 담당자를 지정하여 이를 다시 코파일럿을 통해 AI 직원에게 전달한다. 한마디로, 인간 직원은 코파일럿 스튜디오를 통해 특정 AI 에이전트를 만들고, 다시 코파일럿을 통해 이 AI 에이전트와 상호 작용할 수 있다.

마이크로소프트 대표 사티아 나델라Satya Nadella는 코파일럿 스튜디오가 제작한 AI 업무 에이전트가 힘들고 반복적인 업무를 줄이고, 직원들이 더 가치 있는 작업을 수행할 수 있게 도움으로써 기업 생산성을 높일 수 있다고 강조한다. 앞으로 모든 기업은 마이크로소프트 코파일럿 스튜디오 또는 다른 기업이 제공하게 될 에이전트 빌더를 통해 다양한 AI 에이전트를 보유하게 될 것이다. 이러한 새로운 세상에서는 인간의 일하는 방식과 프로세스, 기업 업무의 우선순위 등이 모두 AI 에이전트의 영향을 받을 수밖에 없다. 이 변화는 지금 시작에 불과하다.

AI 에이전트는 계속 발전하면서 AI가 할 수 있는 일의 경계를 확장할 것이다. 동시에 AI 에이전트는 현재 회사의 책상마다 놓여 있는 개인용 컴퓨터처럼 점점 더 비즈니스의 필수 요소로 자리잡을 것이다.

이용자를 만족시키는
AI 에이전트의 UI·UX

AI 시대를 개척하기 위한 관건은 기술 그 자체라기보다, 이용자들이 AI 기술의 잠재 능력에 대해 잘못 알고 있거나 덜 알고 있어서 AI 제품이나 서비스를 배척하거나 잘못 쓰는 현상인지 모른다. 그래서 이용자에 대해 제대로 연구하고, 이용자 경험을 끊임없이 개선하는 것이 정말로 중요하다. 이 장에서는 비즈니스 현장에서 AI 에이전트를 실현할 때 주의해야 할 사항으로 UI User Interface와 UX User eXperience에 대해 알아볼 것이다.

잠시 쇼핑 이야기로 다시 돌아가 보자. 쇼핑 AI 에이전트는 아마존처럼 대형 이커머스 기업에만 해당하는 이야기가 아니다. 이른바 '에이전트 쇼핑'은 2025년 이커머스 산업에서 가장 중요한 이슈로 꼽힌다. 핵심은 쇼핑을 위한 일반적인 검색 활동이 쇼핑 에이전트 또는 쇼핑 AI 검색으로 바뀌고 있다는 점이다.

지금까지 쇼핑 검색이 "와이드핏 청바지", "실버 목걸이" 하는 식의 키워드 중심으로 이뤄졌다면, 에이전트 쇼핑은 "드라마 엄마친구아들의 남주가 입은 것과 같은 스타일이면서도 내 키에 어울리는 비즈니스 캐주얼"처럼 더 구체적일 수 있다. 이제 쇼핑은 AI 에이전트의 도움으로 키워드가 아닌 고객의 정확한 의도를 찾는 쇼핑 AI 검색으로 진화하고 있다.

여기서 고객의 니즈를 정확히 만족시키기 위해 탐색하는 대화형 검색은 쇼핑 AI 검색의 기본 특징이다. 또한 쇼핑 AI 검색은 리서치 지원 같은 뻔한 접근 방식 외에도 상상을 뛰어넘는 다양한 제안과 아이디어를 쏟아내어 고객의 마음을 사로잡을 수 있어야 한다. 당연히 목표는 구매 전환이다. 이러한 목표를 달성하기 위해 쇼핑 AI 검색의 UI와 UX는 어떤 모습을 띄어야 할까? 스타일리스트 역할을 하는 쇼핑 AI 에이전트와의 대화를 예로 들어 보자.

- 고객: "이번 휴가에 이탈리아로 여행을 떠나게 됐어. 영화 〈투어리스트〉의 안젤리나 졸리와 비슷한 옷을 입고 싶어."

고객의 이러한 니즈는 단순히 "여성용 흰색 블라우스"를 검색하는 것으로 만족시킬 수 없다. 방대한 정보와 상품 데이터, 고객의 선호 등을 도구로 활용하는 AI 에이전트는 대화를 통해 보다 자연스러운 답변을 할 수 있다. 쇼핑 AI의 접근 방식은 다음과 같다.

- 고객: "이번 휴가에 이탈리아로 여행을 떠나게 됐어. 영화 <투어리스트>의 안젤리나 졸리와 비슷한 옷을 입고 싶어."
- 쇼핑 AI 검색: "알겠어요. 베니스의 바다에 어울릴 만한 이 드레스들은 어떤가요?" (상품 3개 소개)
- 고객: "음, 이 드레스도 좋지만 바지와 티셔츠도 보여 줘."
- 쇼핑 AI 검색: "좋아요. 여기 두 가지를 추가해 보았어요. 마음에 드시나요?"
- 고객: "더 밝고 대담한 색상은 어떨까? 그리고 어울리는 액세서리도 추가할 수 있을까?"

이 방식은 AI가 아닌 인간에게 최종 선택의 기회를 미룬다. 이는 세심하게 설계된 불편함 또는 마찰이다. 즉, 이 마찰은

제거해야 할 대상이 아니라, 고객과 쇼핑 AI의 상호 작용을 강화하고, 궁극적으로는 제품에 대한 고객 만족도를 높이는 요인이다. 때론 AI가 높은 역량을 과시하는 것이 최선의 솔루션이 아닐 수도 있기 때문이다. 쇼핑 AI 검색이 인간의 모든 노력이나 행위를 대체해서는 안 된다. 선택의 일부를 고객이 한 것처럼 느껴지게 할 때 고객은 최종 결과물에 더 행복감을 느낄 수 있다.

애플 인텔리전스에서 또 다른 사례를 살펴보자. 애플이 아이폰과 맥북 등에 도입한 애플 인텔리전스 기능 중 하나는 이메일에서 자동으로 답장을 작성해주는 '스마트 답장Smart Reply'이다. 이 기능은 수신한 이메일에 담겨 있는 내용을 식별하고 이용자가 이 메일에 어떻게 응답할 것인지를 몇 가지 선택 항목으로 제공한다. 그러면 이용자는 몇 번의 탭만으로 원하는 메시지가 담긴 답장을 전송할 수 있다.

〈그림 2〉처럼 스마트 답장 기능은 초대 관련한 이메일 내용을 파악하고, 이용자에게 파트너와 함께 갈 것인지 여부와 직접 운전해서 갈지 우버를 이용할지를 선택하게 한다. 그리

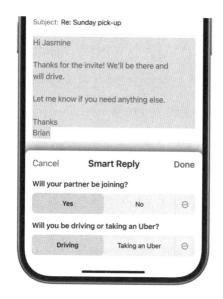

<그림 2> 스마트 답장 기능을 보여주는 모바일 화면 (출처: 애플[18])

고 이 선택에 따라 답장 이메일 문장이 자동으로 완성된다. 애플은 이렇게 이용자의 관여를 요구하지만, 이용자가 선택해야 할 사항이 객관식으로 구성돼 있어 직접 이메일을 다 작성하는 것보다 훨씬 효율적이고 번거로움을 줄일 수 있다.

이처럼 AI 에이전트에 기반한 AI 서비스는 인간 이용자의 역할을 완전히 제거해서는 안 된다. 인간은 최종 결정까지의 전체 프로세스를 통제하길 원하기 때문이다. 또는 적어도 통제하는 것처럼 보이는 것을 좋아하기 때문이다. 따라서 좋은 AI 서비스의 UI·UX는 AI가 주는 편의성과 인간 노력 사이에서 적절한 균형을 찾아야 한다. 이 때 참조할 만한 소비자 이론이 케이크 믹스 이론Cake Mix Theory 또는 달걀 이론Egg Theory 이다.

19세기 말 처음 베이킹 믹스 가루가 등장했다. 이 베이킹 믹스는 커피 믹스처럼 물만 추가하면 누구나 쉽고 빠르게 케이크를 만들 수 있게 한다. 그러나 20세기 초반까지만 해도 많은 사람들이 베이킹 믹스 사용을 거부했다. 당시 서구 사람들은 된장과 고추장처럼 치즈와 버터를 직접 만들어 먹었다. 그래서 사람들은 베이킹에 아무 기여를 하지 않는 것에 죄책감을 느꼈다. 그러다 제2차 대전 이후 베이킹 믹스에 사람이 달걀을 추가하게 한 상품이 등장하면서 비로소 이 믹스 가루의 매출이 급증하기 시작했다.[19] 인간이 직접 달걀을 추가하는 행위로써 케이크를 만드는 데 결정적 기여를 한다고 느꼈기 때문이다.

이와 유사한 인지 편향으로 이케아IKEA 효과도 있다. 사람들은 가구를 조립하는 과정에서 이를 자신이 직접 만든 물건이라 생각하고 여기에 더 높은 가치를 부여하는 경향이 있다는 것이다.

케이크 믹스 이론과 이케아 효과는 AI 에이전트를 포함한 다양한 AI 서비스에서 인간과의 상호 작용을 완전히 제거해서는 안 된다는 교훈을 준다. 인간은 특정 제품뿐 아니라 특정 서비스를 자신이 통제할 수 있다는 환상을 좋아하기 때문이다.

예를 들어 여행 계획을 짜는 여행 AI 서비스에서 인간을 완전히 배제하는 것은 불편한 감정을 느끼게 할 수 있다. 게으르다는 죄책감이 문제가 아니다. "내가 대한항공 마일리지를 열심히 모으고 있다는 것을 알고 있나? 저녁 항공편을 싫어한다는 것을 알고 있을까?" 등 AI 제안에 의심이 발생할 수 있다. 오히려 "비행기 스케줄에 당신이 선택할 수 있는 세 가지 옵션이 있습니다."라고 말해주고 이용자가 결정할 수 있게 한다면 앞서 언급한 불편함과 의심은 사라질 수 있다. 이 때 이용자는 여행 일정을 짜는 모든 과정을 자신이 통제하고 있다는 느낌을 받을 것이다.

이렇게 AI 에이전트는 궂은일을 하면서 특정 순간에는 재치 있게 인간을 참여시켜야 한다. 이러한 맥락에서 AI 서비스에 명시적으로 AI 에이전트가 인간을 대신하여 많은 일을 처리해준다는 체험을 강조하는 것은 그다지 효과적이지 않다. 오히려 AI 부조종사 Copilot 처럼 AI가 인간을 대신하는 것이 아니라, 인간의 능력을 증폭 및 증강 Augmentation 하는 역할을 맡고 있다고 표현하는 것이 바람직한 UI·UX다. 'AI가 인간을 위해 일한다'는 느낌과 'AI가 인간을 대신한다'는 경험은 완전히 다른 효과를 가져올 수 있기 때문이다.

특히 법률이나 의료 영역의 AI 서비스에서 인간의 참여와 승인은 더욱 중요하다. 이러한 산업에서 인간이 개입하는 순간을 추가하는 것은 이용자의 행복감뿐 아니라 신뢰와 안전을 위한 핵심 요소이기 때문이다. 따라서 모든 AI 서비스는 자사 서비스에서 '달걀'이 무엇인지를 정의하는 것이 매우 중요하다. AI 에이전트는 중간의 궂은일, 시간이 많이 걸리는 일을 대신하도록 설계되어야 한다.

물론 똑같거나 유사한 상황에서 매번 인간의 참여를 유도하는 것은 다양한 마찰을 유발할 수 있으니 이 역시 유의해야한다. 예를 들어 AI가 "창가 좌석이 아닌 복도 좌석은 40달러를 추가해야 합니다. 복도 좌석을 선택하시겠어요?"라고 매번 물어본다면 마찰이 커질 수 있다. 복도 좌석을 선호하는 이용자의 취향은 저장되어 있을 필요가 있다. 그렇다고 이를 묻지 않고 AI가 이용자를 대신하여 결정을 내리면 UX가 나빠질 수 있다. 따라서 마찰과 만족도의 균형이 중요하다. 다시 말해서, AI 서비스의 편의성과 AI 서비스에 대한 통제력 사이에서 적절한 균형을 찾아야 한다.

기업용 에이전트에서도 마찬가지다. 성공하는 기업용 AI 에이전트는 인간 업무의 세계와 소프트웨어 업무의 세계를 연결하여 그 과정에서 인간이 편안함과 통제력을 동시에 느낄 수 있도록 다리 역할을 해야 한다.

5장

지식노동의 변화와
새로운 비즈니스의 기회

산업혁명이 농부의 일자리를 줄이고 제조업 일자리를 증가시켰다면, AI 에이전트가 촉발한 AI 혁명은 사무직 노동자의 일자리에 커다란 변화를 일으킬 것이다. 동시에 AI는 지금까지 비싸고 이용하기 어려웠던 서비스에 대한 접근성을 높여가면서 산업은 물론 사회 전반까지 파장을 예고하고 있다. 이 장에서는 이 두 가지 측면에서 AI 혁명의 파급력을 살펴볼 것이다.

한국 경제는 농업 경제에서 제조업 경제로 그리고 서비스 경제로 변화해 왔다. 1970년대 초반 농림어업이 주력 산업이었던 것에서, 최근 IT와 서비스업 중심으로 산업 구조가 변화[20]함에 따라 고용 구조 및 고용자 규모도 크게 바뀌었다. 1974년 임금 노동자 수는 약 444만 명이었으나, 2022년에는 2,150만 명으로 크게 늘었다. 지난 50년간 약 1,706만 개의 일자리가 새로 창출된 셈이다. 특히 최근에는 금융·보험,

5년 평균	1위	2위	3위	4위	5위	5대 업종 합계
1971~ 1975년	농림어업 (13.8%)	도소매업 (13.6%)	섬유·가죽 (11.6%)	운수업 (5.6%)	전자· 광학기기 (4.2%)	48.8%
2017~ 2021년	컴퓨터· 전자기기 (23.9%)	금융·보험 (13.7%)	정보통신 서비스 (8.5%)	사업 서비스 (8.5%)	도소매업 (7.7%)	62.3%

<표1> 경제활동별 GDP 성장 기여율 (출처: 통계청)

정보통신 서비스, 사업 서비스 등의 고용이 크게 늘었다.

서비스업에는 음식점 등이 포함되어 있어 육체 노동도 일부 있지만, 그 중에서도 고임금 서비스업은 지식노동이 대다수다. 이러한 유형의 업무는 AI에 의해 재조정될 가능성이 높은 분야다. 2024년 6월 미국 펜실베이니아 대학교 연구원 티나 엘룬도Tyna Eloundou 등이 〈사이언스Science〉에 발표한 연구 결과[21]에 따르면, 〈그림 3〉처럼 임금이 높아질수록 생성 AI의 영향을 받을 가능성이 더 커진다. 특히 연봉 7만 달러부터 10만 달러 사이의 사무직 노동자가 AI와 업무 연관성이 높게 나타나고 있다.

공장 자동화는 저숙련 일자리에 영향을 미치고 중산층을

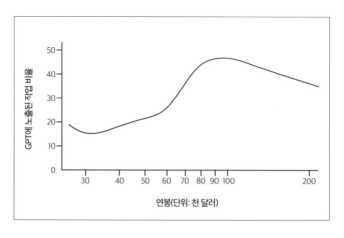

<그림 3> 임금 수준에 따른 AI의 영향

디지털화했다면, 생성 AI는 고도로 숙련된 직업과 가장 큰 연관성을 가지고 있다. 여기에는 변호사, 언론인, 과학자, 소프트웨어 개발자가 포함된다. 즉, 텍스트나 소프트웨어를 작성하고 일상적인 정보 처리 작업을 하는 직업이 가장 큰 영향을 받을 것으로 예상된다. 그러나 '영향을 받는다'는 것은, AI로 지식노동 일자리가 대체된다는 게 아니라, AI 기술의 도움으로 생산성이 높아진다는 긍정적인 의미로도 해석할 수 있다. 따라서 AI의 영향은 고용 침체가 아니라 업무의 급진적인 변화를 의미한다고 보는 것이 더 맞다.

2024년 1월 발표된 국제통화기구IMF의 연구 결과[22]도 유사한 결론을 내놓았다. 한 국가에서 서비스 산업이 차지하는 비율이 높을수록 생성 AI의 업무 연관성이 크게 증가한다. 여기서도 'AI의 업무 연관성'은 일자리 대체가 아닌 업무의 변화를 의미한다.

특히 소프트웨어 개발과 같은 분야에서는 이미 AI의 효과가 상당하며, 이런 경향은 AI 에이전트의 발전으로 더욱 가속화될 전망이다. 세계 최대 개발자 플랫폼 깃허브의 대표 토마스 돔케Thomas Dohmke는 "개발자들 사이에서 30~50퍼센트의 생산성 향상을 목격하고 있다. 이는 엄청난 도약이다."[23] 라고 말했다. 아마존 대표 앤디 재시Andy Jassy는 자사의 AI 비서인 아마존 큐Amazon Q가 소프트웨어 업그레이드 시간을 50일에서 단 몇 시간으로 단축했다고 발표[24]했다. 앤디 재시에 따르면 아마존은 총 4,500명 개발자들의 시간을 절약하고 총 2억 6천만 달러에 달하는 효율성 향상을 달성했다.

한편 기업들은 AI 기술을 갖춘 직원에게 더 높은 생산성을 기대하여 그만큼 더 높은 급여를 지급하고 있다. 15개 국가

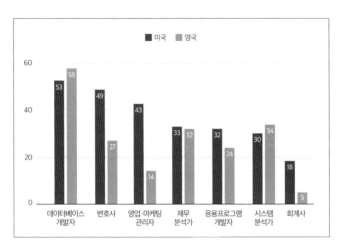

<그림 4> PWC가 조사한 AI 능력에 따른 급여 상승 비율(단위: %)

에서 5억 건의 구인 광고를 분석한 PWC의 조사[25]에 따르면, 미국에서는 AI 기술을 보유한 인재를 채용하는 구인 광고의 연봉이 평균 25퍼센트 더 높았고, 영국에서는 14퍼센트 더 높았다. 특히 생성 AI가 생산성을 크게 향상시킬 것으로 기대되는 IT, 재무, 마케팅, 법무 관련 부서의 경우 AI 기술을 보유한 직원의 초봉은 AI 지식이 없는 직원보다 무려 50퍼센트 더 높다.

2024년 7월 〈블룸버그〉의 보도[26]에 따르면 오픈AI는 AI의

Level 1	**챗봇**Chatbots. 대화형 언어를 구사하는 AI
Level 2	**추론**Reasoners. 인간 수준의 문제 해결 능력을 갖춘 AI
Level 3	**에이전트**Agents. 인간의 요구 사항에 따라 행동하는 AI
Level 4	**혁신가**Innovators. 발명에 도움을 줄 수 있는 AI
Level 5	**조직**Organizations. 조직 단위 대규모 업무를 수행할 수 있는 AI

〈그림 5〉 오픈AI가 그리는 AI의 미래 발전 단계

발전 단계를 〈그림 5〉와 같이 구별한다. 1단계가 대화형 언어를 갖춘 AI 챗봇이며, 2단계가 o1처럼 인간 수준의 문제 해결 능력을 갖춘 추론 AI다. 다양한 도구들을 활용하여 인간의 요구 사항에 따라 행동하는 시스템인 AI 에이전트는 3단계 수준을 의미한다.

AI 에이전트가 그 초기 효과를 발휘할 수 있는 곳은 텍스트가 많은 대규모 서비스 산업과 거대언어모델을 활용하여 워크 플로를 자동화할 수 있는 영역일 가능성이 높다. 구체적으로 법률, 의료, 보험, 교육 시장에서 AI 에이전트의 영향과 관련 시장 플레이어를 살펴보자.

법률, 의료, 보험, 교육 분야의
AI 에이전트

법률 보조 AI 에이전트 서비스에 대한 관심이 국내외로 뜨겁다. 특히 오픈AI가 직접 투자한 하비[Harvey 27]는 계약 분석, 법률 조사 수행, 소송 준비 등에 도움을 주는 대표적인 AI 기업이다. 이븐업[EvenUp 28]의 경우 상해 및 의료 분쟁 피해자가 정당한 보상을 받도록 지원하는 법률 AI 서비스다.

 법률 AI 서비스는, 비유컨대 모든 사람이 다 김·장 법률사무소의 서비스를 이용할 수 있게 하려는 목적이 아니다. 그보다는 소비자들이 좀 더 쉽고 저렴하게 법률 서비스를 이용할 수 있게 하는 데 기여한다. 시간당 고가의 비용을 지불하면서 변호사를 고용하기 어려운 많은 사람들이 AI 법률 서비스를 통해 법률 전문 지식에 보다 쉽게 접근하여 그 혜택을 누릴 수 있다.

 의료 분야 또한 매우 텍스트 중심의 서비스라 할 수 있다. 의료 행위에서 환자의무기록[EHR: Electronic Health Record 또는 EMR: Electronic Medical Record]은 매우 중요하고 활용도가 높다. 환자의 무기록을 분석하고 이를 다른 의학 정보 및 병원 정보와 통합할 경우, 의료 AI 에이전트는 환자 상태의 조기 예측 및 환자를 위한 예방적 개입과 한정된 병원의 자원 할당에 도움을 줄 수 있다.

구글 헬스Google Health, IBM의 왓슨 헬스Watson Health, 아마존 헬스스크라이브HealthScribe 등의 대기업부터 패스AIPathAI [29], 프랙시스Praxis [30] 등 다양한 스타트업이 AI 헬스 에이전트 사업에 뛰어들고 있다. 이 기업들은 의료 언어를 기록하고 분석하는 작업을 통해 의료 서비스를 혁신하는 방향으로 발전하고 있다.

사람들은 흔히 보험을 숫자 중심의 비즈니스라고 생각한다. 그러나 보험 약관, 보험 청구, 지급 결정 등은 수많은 언어로 구성되어 있다. 따라서 AI 에이전트를 통해 보험 워크 플로를 자동화하는 것은 매우 유망한 비즈니스이다. 코그니기Cognigy [31], 빔beam [32], 아멜리아AMELIA [33] 등 다수의 스타트업이 보험 AI 에이전트 서비스를 시작하고 있다.

그런가 하면, 가장 큰 서비스 산업 중 하나로 교육을 빼놓을 수 없다. 당연히 교육에는 많은 단어, 즉 언어가 포함돼 있다.

그리고 앞서 언급했듯 거대언어모델의 장점은 언어 집약적인 산업에서 가장 그 진가가 드러난다. 따라서 교육 분야는 거대언어모델, 나아가 AI 에이전트에 가장 적합한 분야다. 그러나 아직까지 교육은 기술 발전의 영향을 비교적 적게 받아 왔다. 지난 30년 동안 인터넷, 모바일, 클라우드가 교육에 스며들고, 초중고 교육 현장에 인터넷 강의와 태블릿이 활용되고 있긴 하지만, 여전히 주류는 아날로그 교육 방식을 고수한다.

과연 AI는 교육 산업에 어떤 영향을 줄 수 있을까? 'AI와 대학의 변화'[34], 'AI가 가져올 교육 혁명'[35] 등 다양한 연구 보고서와 책이 교육 분야의 차세대 변화 도구로 AI를 주목하고 있다. 교육 관료주의와 오래된 관습이 AI가 교육 현장을 변화시키는 속도를 늦출 가능성이 높긴 하지만, 교육은 AI로 인해 지금까지의 교육 발전 역사상 가장 큰 혁신을 마주할 수 있다. 가장 큰 관심을 받는 영역은 학생 개인 맞춤형 도구로서의 AI 에이전트와 교사 업무 도구로서의 AI 에이전트다.

한국의 경우 국가 재정 능력 강화에 따라 교육 예산이 늘고 있고, 또 저출산에 따른 학령 인구 감소로 교사당 학생 비율도 지속적으로 낮아지는 등 환경 자체는 좋아지는 추세다. 그러나 저소득층과 고소득층 학생들 간의 개인 과외 및 사교육 기회에는 여전히 상당한 격차가 존재한다. 이러한 격차는 교육 불평등으로 이어져 학생들의 학업 성취와 미래 기회에 큰 영향을 미친다. 고소득층 가구의 월평균 사교육비 지출은 저소득층 가구에 비해 최대 5배까지 차이가 난다.[36] 고소득층 학생들은 시간당 100만 원을 지불하고 대학 강사에게 독서 과외를 받는 등 고급 교육 서비스를 이용[37]하고 있는 반면, 저소득층 학생들은 주로 학습지나 기본적인 학원 수업에 의존하는 경향[38]이 있다. 이러한 교육 격차는 소득 불평등이 교육 불평등을 촉발하고, 이것이 다시 소득 불평등으로 이어지는 악순환을 상징한다.

'숙제 도우미' 등 다양한 교육 AI 에이전트 서비스는 모든 학생이 합리적인 가격의 개인 맞춤형 학습을 이용할 수 있다는 점에서 교육 격차를 해소하는 역할을 담당할 수 있다. 물론 기술이 훌륭한 교사나 과외 선생의 인간적인 참여를 완전히 대체할 순 없지만, 교육 AI 에이전트 서비스는 경쟁의 장을 조금 더 평등하게 만들 잠재력이 있다.

2024년 7월 〈사이언스 어드밴스Science Advances〉에 발표된 연구[39]에 따르면 거대언어모델은 개인의 창의성을 증가시키는 효과를 가지고 있다. 창의성은 인간다움의 핵심이며 교육의 중요 목표 중 하나다. 따라서 교육 AI 에이전트는 학생 개개인의 강점과 약점을 실시간으로 학습한 이후 개인화된 학습 경로를 조정하여 학생의 지식을 극대화할 수 있다. 교육 AI 에이전트 서비스는 모든 학생들의 평균 학습력을 끌어올리는 효과 외에도 고성과자와 평균 성과자 사이의 교육 격차를 줄일 수도 있다. 교육 격차가 아예 사라질 순 없지만 줄이는 것은 가능하다.

이러한 효과는 코로나 확산 억제 정책Flattening the Curve과 유사하다. 이는 팬데믹 기간 동안 전염병 확산을 억제하기 위해 사용된 개념이다. 억제 정책은 질병의 급격한 확산 속도를 늦춰 보건 시스템의 과부하를 방지하고, 감염자가 지속적으로 관리 가능한 범위 내에서 발생하도록 하는 것을 목표로 한다.

이 현상은 주로 두 개의 곡선으로 설명된다. 다음 페이지 〈그림 6〉의 왼쪽에 위치한 검정색 가파른 곡선은 적절한 조치를 취하지 않았을 때 나타나는 현상을 가리킨다. 감염자 수가 매우 빠르게 증가하고, 병원과 의료 시스템이 한꺼번에 많

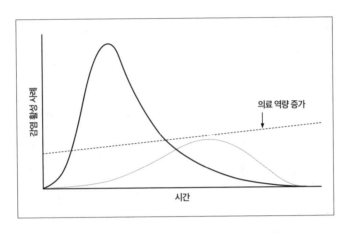

은 환자를 감당해야 하며, 결과적으로 사망률 증가와 의료 자원 부족을 초래한다. 오른쪽에 위치한 기울기가 완만한 회색 곡선은 사회적 거리 두기, 마스크 착용, 격리 등의 방역 조치들을 시행함으로써 감염 속도를 줄인 것이다. 감염자 수는 여전히 증가하지만, 상대적으로 천천히 발생하여 의료 시스템이 충분히 대응할 수 있도록 돕는다. 이런 맥락에서 개인 맞춤형 교육 AI 에이전트 서비스도 코로나 확산 억제 정책처럼 교육 격차의 강도를 낮출 수 있다.

개인 맞춤형 교육 AI보다 시장에 더 빠르게 증가하고 있는 서비스는 교사의 업무를 도와주는 AI 에이전트다. 대표적인 서비스로는 티치^{Teachy 41}가 있다. 2024년 10월 기준 50만 명에 이르는 교사가 사용하고 있는 티치는 교사의 수업 준비와 과제 채점을 지원한다. 특히 브라질의 경우 30만 교사가 이 서비스를 사용하면서 교사 업무 부담을 크게 줄이고 있다.

AI 에이전트 서비스는
일부 계층의 특권을 해체할 것

지금까지 법률, 의료, 보험, 교육 분야에서 전개되고 있는 AI 에이전트 서비스와 잠재력을 살펴봤다. 그리고 AI 기술이 소비자 접근성과 혜택을 매우 높일 수 있다는 지점을 강조했다. 소비자 접근성 확대는 특권으로 여겨져 온 특정 서비스에 대한 가격 하락을 의미한다. 역사적으로 볼 때 이러한 속성은 AI에 국한되지 않는다.

처음으로 자동차를 대량 생산하기 시작했던 포드 모델 T

의 가격은 1909년 850달러에서 1914년 550달러, 1917년 360달러, 1920년 260달러로 크게 인하되었다. 가격 인하의 폭만큼 자동차의 접근성은 높아졌다. 경제력이 절대적으로 컸던 특권층만이 누릴 수 있던 포드 모델 T는 1924년 2백만 대를 생산하며 대중화의 길을 걸었다. 기술은 생산량이 증가함에 따라 더 저렴해지고, 저렴해진 만큼 소비가 증가하고, 이는 다시 기술의 진화로 이어지는 선순환의 속성을 가지고 있다.

너리시[Nourish 42]라는 AI 에이전트는 개인화된 식사 계획을 추천한다. 허니듀[Honeydew 43]는 AI로 개인별 맞춤 여드름 치료제를 추천한다. 미국에는 챗GPT, 캐릭터 AI[character.ai 44], 토키[Talkie 45] 등의 AI 챗봇을 스트레스에 대처하는 심리 상담사로 이용하는 비율이 증가[46]하고 있다. 스타일리스트 AI, 여행 AI 서비스 또는 인테리어 디자인 AI 서비스 등도 과거 일부 부유층만이 누릴 수 있었던 인간 전문가의 서비스를 대체하고 있다.

이 책 독자 중 일부는 여전히 숙련된 전문가의 도움을 받아야 한다고 생각할 수 있다. 하지만 인간 전문가의 수는 제한되어 있고 따라서 비용이 높을 수밖에 없다는 문제가 존재한다. AI 에이전트 서비스는 보다 경제적이고 효율적인 방식으로, 그리고 순차적으로 리스크가 낮은 서비스를 지원하면서 점차 인간 전문가를 보완할 수 있다. 이렇게 AI 나아가 AI 에이전트 서비스는 지식노동 산업을 재창조할 뿐 아니라 일부 부유층이 누려 왔던 특권을 해체할 것이다.

여전히 여러분 중 일부는 AI 챗봇을 친구처럼 여기며 대화하는 것보다 진짜 인간관계를 형성하고 가꾸는 것이 더 유익하다고 주장할 수 있다. 맞는 말이다. 그러나 어떤 측면에서 볼 때 우정 또한 특권이다. 미국과 캐나다에서는 친구 수 감소 현상을 '우정 불황Friendship Recession'[47]이라 부르고 있다. 미국의 한 생활 조사 센터Survey Center on American Life [48]에 따르면, 미국인 중 가족을 제외하고 친한 친구가 10명 이상이라고 답한 사람은 1990년 33퍼센트였으나 2021년에는 13퍼센트로 크게 감소했다.

특히 미국 남성의 경우 지난 30년 동안 친한 친구가 한 명도 없다고 답한 비율이 3퍼센트에서 15퍼센트로 다섯 배 증가했다. 친구 수 감소에는 여러 원인이 있을 수 있다. 1990년 이후 임금 성장이 정체되거나 불안정한 일자리가 증가하면서 우정에 시간을 투자하는 대신 일이나 학업에 더 집중하는 선택을 하는 경향에서도 그 원인을 찾을 수 있다. 또는 대도시 거주 인구가 늘어나면서 낯선 사람과 대화할 가능성이 줄어드는 현상도 원인일 수 있다.

이 같은 우정 불황에 AI가 적합한 해결책이 될 수 있을까? 아마 아닐 것이다. 당연히 사람들 사이에서 진정한 우정을 나눌 수 있다면 이보다 더 좋은 일은 없을 것이다. 그러나 오늘날 어쩌면 우정은 인간과의 접촉을 전제로 하는 특권 서비스일 수 있다. 우리 중 친구가 없는 사람들이 AI 형태의 친구와 사귈 수 있다면 이 또한 친구에 대한 접근성을 넓히는 대안일 수 있다. AI가 우정을 완전히 대신하긴 어렵겠지만 최소한의 위안은 될 수 있다.

미국 국립과학원 저널PNAS의 조사[49]에 따르면, 미국에서는 온라인 데이팅 앱 서비스를 통해 연애를 시작하는 커플이 2020년 기준으로도 이미 40%를 넘어서고 있다. 1980년대나 90년대 미국인 다수에게 데이팅 앱을 통해 누군가를 만난다는 것은 꽤나 이상한 일이며 큰 거부감을 낳았을 것이다.

그러나 이제 데이팅 앱을 통한 만남이 표준이 되었다.

AI가 진화하면 할수록 인간은 점점 더 AI와 소통하는 데서 만족을 느낄 가능성이 높다. 데이팅 앱의 대중화처럼 AI 대중화를 통해 인간 행동은 극적인 변화를 겪을 수 있다. 다시 한번 강조하지만, 앞으로 다양한 AI 에이전트 서비스가 고가의 인간 중심 서비스를 보완하면서 해당 서비스의 접근성과 경제성을 향상시키는 방향으로 발전할 것이다. 어느 시기에 이러한 경향이 일시적으로 둔화한 것처럼 보일 순 있어도, 방향 자체는 변하기 어려울 것이다.

6장

AI 경제의 마지막 퍼즐,
AI 에이전트

AI 거품론을 주장하는 목소리가 커지고 있다. 이러한 주장을 가장 먼저 공론화한 곳은 투자은행 골드만삭스다. 2024년 6월 발행된 31쪽 분량의 보고서 '생성 AI: 너무 많은 비용, 너무 적은 이득? Gen AI: Too much spend, too little benefit?'[50]은 AI에 의한 생산성 향상에 따른 경제 이익, AI 수익, AI 전력 수요 등을 다루고 있다. 이 보고서의 핵심은 AI에 대한 천문학적 수준의 투자가 진행되었고 또 앞으로도 진행되어야 하지만 AI로 인한 경제 수익이 만들어지기까지는 꽤나 오랜 시간이 걸린다는 점이다.

골드만삭스의 보고서는 MIT 경제학과 교수 대런 애쓰모글루 Daron Acemoglu와의 인터뷰를 담고 있다. 애쓰모글루는 한국어로 번역된 책《권력과 진보》의 공동 저자이며, 최근 큰 관심을 모은 '인공지능의 간단한 거시경제학'[51]을 발표한 탁월한 학자다. 애쓰모글루는 골드만삭스와 인터뷰를 통해 "AI

발전으로 인한 미국 생산성 향상과 그에 따른 GDP 상승 효과가 많은 전문가들이 예상하는 것보다 훨씬 낮을 것"이라고 주장했다. 나아가 "진정으로 혁신적인 변화는 앞으로 10년 이내에 일어나지 않을 것"이라면서 "현재 인간이 수행하는 많은 작업은 […] AI가 가까운 시일 내에 실질적으로 개선할 수 없을 것"이라는 비관적 전망을 내놓기도 했다.

특히 애쓰모글루는 스케일링 법칙Scaling Law에 의문을 제기했다. 스케일링 법칙을 매우 단순화하여 설명하자면, 거대언어모델은 더 많은 데이터와 GPU를 투입할수록 더 강력해진다는 내용이다. 이 때문에 미국 빅테크 기업은 엔비디아의 고가 GPU를 경쟁적으로 구매하고 AI에 막대한 규모의 투자를 진행하고 있다. 하지만 아직 그에 걸맞는 AI 매출이 발생하지 않아 거품론에 무게가 실리는 모양새다.

클로드를 만든 앤트로픽의 대표 다리오 아모데이Dario Amodei 는 2025년 또는 2026년에는 거대언어모델 업그레이드에 100억 달러가 필요할 것이라고 예측[52]했다. 2024년 기준 거대언어모델 업그레이드 비용은 약 10억 달러다. 2027년에는 어떨까? 다리오 아모데이에 따르면 1,000억 달러가 들 수도 있다.

거대언어모델 업그레이드에는 왜 이렇게 천문학적 비용이 발생하는 걸까? 게다가 비용 상승세도 왜 이렇게 급증할까? 비용 폭발의 중심에는 컴퓨팅 성능에 대한 끝없는 욕구가 자리잡고 있다. 새로운 세대의 AI 모델은 기하급수적으로 더 많은 컴퓨팅을 요구하며, H100과 블랙웰로 대표되는 컴퓨팅 파워는 결코 저렴하지 않기 때문이다. 더불어 데이터 센터의 전기 수요도 급증하고 있다. 수요가 공급을 초과하면 해당 제품 및 서비스의 가격은 상승할 수밖에 없다.

AI 거품론을 주장하는 두 번째 주요한 목소리는 미국의 유명 벤처캐피털 세쿼이아 캐피털이 발행한 'AI의 6,000억 달러 질문AI's $600B Question'[53]에서 확인할 수 있다. 이 보고서의 핵심은 2024년 하반기까지 거대언어모델에 약 3,000억 달러가 투자될 예정이라는 사실이다. 만약 이 투자액에 대한 기대 수익률을 50퍼센트로 설정한다면 예상 매출은 6,000억 달러가 되어야 한다. 그러나 2024년 연말까지 AI 매출은 약 1,000억 달러에 머물 것으로 예상된다. 따라서 약 5,000억 달러의 구멍이 발생하고, 이 구멍은 점점 더 커질 전망이다.

이 보고서에 따르면, AI 투자 중 대부분은 AI 칩과 데이터센터 형태로 구축되고 있으며, 그 투자 성과를 언제쯤 거둘 수 있을지 알 수 없다.

이 보고서의 저자 데이비드 챈^{David Chan}이 우려하는 또 다른 점은 AI 칩의 감가상각이다. 엔비디아에 따르면 2024년 4분기에 블랙웰(B200)을 판매할 것으로 예상된다. H100 구매에 막대한 투자를 진행했던 메타, 마이크로소프트, 구글, 아마존 등의 미국 빅테크 기업은 블랙웰 구매에도 열을 올릴 것이다. 엔비디아에 따르면 블랙웰은 H100 대비 가격은 25퍼센트 저렴하고 성능은 2.5배 더 좋다. 이 때 해당 기업 재무제표에는 어떤 일이 발생할까? H100에 대한 매우 높은 수준의 감가상각이 발생한다. 그러면 기업의 이익은 감소하고 감가상각비는 비용 항목으로 처리되기 때문에 재무적 위기에 직면할 수 있다. 이는 투자자들에게 부정 신호를 보내어 주식 가격에도 영향을 미칠 수 있다. 장기적으로 기업의 자산 가치가 하락할 수도 있다.

최근 의미 있는 AI 수익을 창출하는 기업은 글로벌 5대 기업인 애플, 마이크로소프트, 엔비디아, 알파벳(구글), 그리고 아마존이다. 이들 5개 기업의 시장 가치는 2022년 11월 챗GPT 출시 이후 약 13조 달러로 두 배 가까이 증가했다. 하지만 앞서 두 보고서를 통해 설명한 것처럼 이들 5개 기업에도 AI 투자와 AI 매출 사이의 격차가 커지고 있다. 이러한 맥락에서 세쿼이아 캐피털의 데이비드 챈은 다음과 같이 경고한다. "실리콘밸리에서 미국 전역으로 그리고 이제는 전 세계로 퍼진 환상을 믿지 말아야 한다. 이 환상은 일반인공지능[AGI]이 내일 등장할 것이기 때문에 오늘 우리가 해야 할 일은 칩이라는 유일한 가치 있는 재화를 비축하는 것뿐이며, 칩을 생산하거나 비축하는 기업에 투자하면 우리 모두가 빨리 부자가 될 것이라고 부추긴다."

2024년 7월 〈이코노미스트〉도 'AI 혁명은 어떻게 되었는가? What happened to the AI revolution?'라는 분석 기사[54]를 통해 생성 AI가 아직까지 비즈니스 혁신을 가져다주지 못했다고 주장한다. GPU와 전기로 대변되는 AI 비용이 치솟고 있지만 관련 수익이 이를 따라잡지 못하고 있다는 것이다. 〈이코노미스트〉는 미국 기업들이 업무 현장에서 AI 챗봇을 채택하는 비율이 아직까지 매우 낮다는 점을 강조하고 있다.

이렇게 미국 기업이 AI 챗봇 채택 비율이 낮은 이유는 다양하다. 일반적으로 데이터 보안, 편향된 알고리즘, 환각에 대한 우려 때문에 AI 도입이 늦어지고 있다. 그러나 이보다 더 중요한 이유는 대다수의 미국 기업들이 아직까지 AI 에이전트의 잠재력을 실현하지 못하고 있다는 점이다. 현재의 AI 챗봇 자체만으로는 기업의 업무 및 인간의 노동을 재편할 수준이 되지 못한다.

〈그림 7〉은 AI 경제를 구성하는 다양한 층위를 표현하고 있다. AI 경제는 크게 네 가지 레이어로 구성되어 있다. 하단부의 두 개는 '인프라'에 해당하는 부분이다. 하나는 거대언어모델을 학습하거나 추론하는 워크로드를 실행하는 하드웨어 인프라이고, 또 하나는 거대언어모델의 개발, 운영, 배포를 자동화하고 최적화하는 인프라 기술인 MLOps^{Machine Learning Operations}와 클라우드 인프라다. 위에서 두 번째 레이어는 '모델'이다. 이 영역은 가장 상층인 '애플리케이션'에서 구동하는 거대언어모델, 거대언어모델 학습에 필요한 데이터, 거대언어모델을 서비스로 제공하는 호스트로 나눠진다.

지금까지 AI 투자의 절대 다수는 이 세 개의 레이어, 즉 인

애플리케이션

공개된 모델 기반 B2C, B2B의 최종 유저가 사용하는 서비스

모델

대량의 데이터가 학습된 생성AI 모델 및 API 서비스

인프라 - 클라우드 플랫폼

모델 학습이나 추론에 사용될 수 있는 개발 클라우드 환경을 제공하는 기업

주요 서비스: 아마존(AWS), 구글(GCP), 마이크로소프트(Azure)

인프라 - 하드웨어

모델 학습이나 추론에 최적화된 칩

주요 서비스: 엔비디아(GPU), 구글(TPU)

<그림 7> AI 경제를 구성하는 네 가지 층위 (출처: 《생성 AI 혁명》 105쪽)

프라와 모델에 집중되었다. 그러나 오픈AI, 구글, 메타, 애플 등의 AI 거대 기업은 최상층위인 애플리케이션에 집중하고 있다. AI 챗봇은 이 애플리케이션의 한 가지 사례에 불과할 뿐이다.

AI 챗봇보다 진화한 애플리케이션 기술이 바로 AI 에이전 트이다. AI 에이전트를 기반으로 AI 검색, 스마트폰 앱을 통

합 운영하는 시리, AI 프로그래밍 에이전트, 그리고 새롭고 수많은 애플리케이션이 등장하고 있다. 이 애플리케이션 층위에서 소비자와 기업에 강력한 부가가치를 만들어내는 기업이 바로 AI 경제를 주도하게 될 것이다.

비유하자면, 인프라 층위는 스마트폰이고, 애플리케이션 층위는 그 스마트폰에서 작동하는 수많은 앱과 같다. 소비자는 쓸모가 있고 흥미로운 앱이 있기 때문에 스마트폰을 구매하는 것이고, 수많은 앱이 있기에 모바일 경제가 작동한다. 같은 맥락에서 AI 에이전트는 다양한 AI 애플리케이션, 다르게 표현하면 AI 서비스를 가능하게 한다. 그래서 AI 에이전트는 AI 경제를 완성하는 마지막 퍼즐인 셈이다. 그리고 이 마지막 퍼즐이 완성되기까지는 좀 더 시간이 필요하다.

신인상주의를 대표하는 화가 조르주 쇠라^{Georges Seurat, 1859-1891}는 작은 점들로 그림을 그려 나가는 점묘법을 발전시켰다. 이 기법은 수천 개의 작은 점을 조합하여 색채를 표현하며, 멀리서 볼 때 이 점들은 시각적으로 혼합되어 하나의 완전한 이미지로 보이게 된다. 쇠라의 대표작은 '그랑드 자트

<그림 8> 그랑드 자트 섬의 일요일 오후

<그림 9> '그랑드 자트 섬의 일요일 오후' 그림의 일부를 확대한 모습

섬의 일요일 오후Sunday Afternoon on the Island of La Grande Jatte'다. 파리 센강 변에 있는 그랑드 자트 섬에서 여유롭게 시간을 보내는 사람들의 모습이 담긴 그림이다.

〈그림 8〉의 가운데 있는 하얀색 동그라미로 표시한 부분을 확대하면 〈그림 9〉와 같다. 그림 속 점들은 현재 탄생하고 있고 또 앞으로 계속 등장할 수없이 많은 AI 에이전트 서비스를 상징한다.

현재 AI 경제는 거대언어모델 시장과 클라우드 시장에 제한되고 있지만, AI가 진정한 의미에서 혁신을 일으키고 경제 혁명이라 불리기 위해서는 수많은 점들, 즉 수많은 AI 서비스가 필요하다. 이 AI 서비스의 기술 기초가 AI 에이전트이다. 조르주 쇠라의 점Dot처럼 AI 서비스는 언뜻 보기에 비즈니스가 아니라 하나의 기능처럼 보일 수 있다. 과연 그럴까?

글로벌 전자상거래 기업인 쇼피파이는 웹사이트에 장바구니 기능을 추가하는 서비스로 사업을 시작했다. 현재 쇼피파이에서는 웹사이트에 약 8,000개 이상의 독립된 기능을 추가할 수 있다. 이 8,000개의 기능이 쇼피파이의 진정한 경제 가치를 구성한다. 쇠라의 그림도 마찬가지다. 수많은 점들을 멀

리서 보면 비로소 풍부하고 매력적인 작품의 진가가 드러난다. 지금 우리는 2025년 그리고 2026년 AI 에이전트 서비스가 완성할 AI 경제라는 위대한 그림을 기다리고 있다.

미주

[1부]

1   https://www.ft.com/content/30677465-33bb-4f74-a8e6-239980091f7a

2   https://www.ft.com/content/30677465-33bb-4f74-a8e6-239980091f7a

3   https://www.ft.com/content/372536b1-08dd-4161-b6e3-4d09ba235ae8

4   https://www.nytimes.com/2024/06/26/travel/norway-artficial-intelligence-planners.html

5   https://mindtrip.ai/

6   https://www.usevacay.com/chatbot

7   https://www.moneylion.com/

8   https://theharrispoll.com/briefs/america-this-week-wave-228/

9   https://digiday.com/media-buying/perplexitys-pitch-deck-offers-advertisers-a-new-vision-for-ai-search/

10 https://mindtrip.ai/create

11 https://lilianweng.github.io/posts/2023-06-23-agent/

12 https://arxiv.org/pdf/2304.03442

13 https://arxiv.org/pdf/2304.03442 (5쪽)

14 https://www.gatesnotes.com/AI-agents

15 https://www.technologyreview.com/2024/05/01/1091979/sam-altman-says-helpful-agents-are-poised-to-become-ais-killer-function/

16   https://cdn.openai.com/papers/practices-for-governing-agentic-ai-systems.pdf

17   https://www.technologyreview.com/2024/07/05/1094711/what-are-ai-agents/

18   https://blog.langchain.dev/what-is-an-agent/ , https://arxiv.org/pdf/2407.01502

19   https://towardsdatascience.com/what-makes-a-true-ai-agent-rethinking-the-pursuit-of-autonomy-547ab54f4995

20   https://arxiv.org/pdf/2407.01502

21   https://contents.premium.naver.com/themiilk/business/contents/240909172914344qu

22   https://www.technologyreview.com/2024/07/05/1094711/what-are-ai-agents/

23   https://minedojo.org/

24   https://www.ibm.com/think/topics/ai-agents

25   https://www.javatpoint.com/types-of-ai-agents

26   https://www.ibm.com/think/topics/ai-agents

27   https://trackingai.org/IQ

28   https://aiindex.stanford.edu/report/

29   https://www.businessinsider.com/anthropic-ceo-cost-10-billion-train-ai-years-language-model-2024-4

30   https://orwell.bluedot.so/

31   https://www.semafor.com/article/01/27/2023/openai-has-hired-an-army-of-contractors-to-make-basic-coding-obsolete

32 https://arxiv.org/pdf/2305.20050

33 https://x.com/rickyrobinett/status/1825581674870055189

34 https://www.cursor.com/

35 https://www.nytimes.com/2023/10/16/technology/ai-agents-workers-
    replace.html

[2부]

1   ttps://finance.yahoo.com/news/perplexity-ai-first-chatgpt-
    now-160451190.html

2   https://www.businessinsider.com/google-losing-status-as-verb-
    genz-2024-9

3   https://fortune.com/2024/09/10/gen-z-google-verb-social-media-
    instagram-tiktok-search-engine/

4   https://www.gwi.com/reports/gen-z

5   https://techcrunch.com/2022/07/12/google-exec-suggests-instagram-
    and-tiktok-are-eating-into-googles-core-products-search-and-maps/

6   https://www.emarketer.com/content/prime-day-us-online-shoppers-
    start-product-searches-amazon

7   https://www.wsj.com/tech/online-ad-market-google-tiktok-9599d7e8

8   https://www.reuters.com/technology/google-offered-sell-advertising-
    marketplace-adx-eu-antitrust-probe-sources-say-2024-09-18/

9   https://blog.google/products/ads-commerce/google-lens-ai-overviews-ads-marketers/

10 https://www.storyblok.com/mp/ai-content-brands-survey

11 https://www.ibm.com/thought-leadership/institute-business-value/en-us/report/ai-retail

12 https://arxiv.org/pdf/2311.09735

13 https://www.theverge.com/2024/5/29/24167407/google-search-algorithm-documents-leak-confirmation

14 https://appleinsider.com/articles/24/04/09/apples-new-ai-model-could-help-siri-see-how-ios-apps-work

15 https://www.ft.com/content/8772d32b-99df-497f-9bd7-4244f38d0439

16 https://www.inc.com/sam-blum/klarna-plans-to-shut-down-saas-providers-and-replace-them-with-ai.html

17 https://docs.replit.com/replitai/agent

18 https://www.salesforce.com/ap/agentforce/

19 https://www.cursor.com/features

20 https://github.com/features/copilot

21 https://papers.ssrn.com/sol3/papers.cfm?abstract_id=4945566

22 https://www.mckinsey.com/capabilities/mckinsey-digital/our-insights/unleashing-developer-productivity-with-generative-ai

23 https://github.blog/news-insights/research/survey-reveals-ais-impact-on-the-developer-experience/

24 https://arxiv.org/pdf/2302.06590

25 https://apps.shopify.com/?locale=ko

[3부]

1 https://youtube.com/shorts/kKm_0eLmbzQ?si=pBnS0nZ0X-cz-U0x

2 https://www.wired.com/story/amazon-ai-agents-shopping-guides-
   rufus/

3 상동

4 상동

5 https://www.aboutamazon.com/news/retail/how-to-use-amazon-
   rufus

6 https://www.axios.com/2024/10/01/chatgpt-developers-ai-voice-
   engine

7 https://uk.themedialeader.com/metas-on-a-mission-to-become-an-
   advertisers-one-stop-shop/

8 https://www.theguardian.com/technology/2023/feb/23/ai-artificial-
   intelligence-wpp-global-advertising-revolution-technology

9 https://www.facebook.com/business/help/297506218282224?
   id=649869995454285

10 https://ads.tiktok.com/business/en/blog/tiktok-creative-assistant-
   smart-ai-tool

11 https://www.adweek.com/media/meta-gen-ai-video/

12 상동

13 https://www.facebook.com/business/help/1362234537597370

14 https://support.google.com/google-ads/answer/10724817?hl=en

15 https://ads.tiktok.com/business/en/solutions/ecommerce/shoppingads

16   https://www.microsoft.com/ko-kr/microsoft-copilot/microsoft-copilot-studio

17   https://www.microsoft.com/en-us/microsoft-copilot/blog/copilot-studio/unlocking-autonomous-agent-capabilities-with-microsoft-copilot-studio/

18   https://www.apple.com/apple-intelligence/

19   https://medium.com/@CelikBugra/psychoanalytics-behind-the-cake-mix-life-changing-ideas-e02-412e8d4e54e4

20   https://www.korcham.net/nCham/Service/Economy/appl/KcciReportDetail.asp?CHAM_CD=B001&SEQ_NO_C010=20120936189

21   https://www.science.org/stoken/author-tokens/ST-2100/full

22   https://www.imf.org/en/Publications/Staff-Discussion-Notes/Issues/2024/01/14/Gen-AI-Artificial-Intelligence-and-the-Future-of-Work-542379?cid=bl-com-SDNEA2024001

23   https://www.sequoiacap.com/podcast/training-data-thomas-dohmke/

24   https://www.linkedin.com/posts/andy-jassy-8b1615_one-of-the-most-tedious-but-critical-tasks-activity-7232374162185461760-AdSz/

25   https://www.pwc.com/gx/en/news-room/press-releases/2024/pwc-2024-global-ai-jobs-barometer.html

26   https://www.bloomberg.com/news/articles/2024-07-11/openai-sets-levels-to-track-progress-toward-superintelligent-ai

27   https://www.harvey.ai/

28   https://www.evenuplaw.com/

29   https://www.pathai.com/

30 https://www.praxisemr.com/

31 https://www.cognigy.com/solutions/insurance

32 https://beam.ai/solutions/insurance

33 https://amelia.ai/solutions/insurance/

34 https://www.bondcap.com/reports/aiu

35 https://www.amazon.com/Brave-New-Words-Revolutionize-Education/dp/0593656954

36 https://www.mk.co.kr/news/society/9779461

37 https://www.khan.co.kr/economy/economy-general/article/201406122043331

38 https://www.seoul.co.kr/news/plan/gap/2021/02/22/20210222004009

39 https://www.science.org/doi/10.1126/sciadv.adn5290

40 https://en.wikipedia.org/wiki/Flattening_the_curve

41 https://www.teachy.app/ko

42 https://www.usenourish.com/

43 https://www.honeydewcare.com/

44 https://character.ai/

45 https://www.talkie-ai.com/

46 https://www.dazeddigital.com/life-culture/article/64662/1/meet-the-people-using-chatgpt-as-their-therapist-client-ai-tech

47 https://en.wikipedia.org/wiki/Friendship_recession

48 https://www.americansurveycenter.org/research/the-state-of-american-friendship-change-challenges-and-loss/

49 https://doi.org/10.1073/pnas.1908630116

50 https://www.goldmansachs.com/images/migrated/insights/pages/

gs-research/gen-ai--too-much-spend%2C-too-little-benefit-/TOM_
AI%202.0_ForRedaction.pdf

51 https://economics.mit.edu/sites/default/files/2024-05/The%20
Simple%20Macroeconomics%20of%20AI.pdf

52 https://www.youtube.com/watch?v=xm6jNMSFT7g&t=782s&ab_chann
el=NorgesBankInvestmentManagement

53 https://www.sequoiacap.com/article/ais-600b-question/

54 https://www.economist.com/finance-and-economics/2024/07/02/
what-happened-to-the-artificial-intelligence-revolution